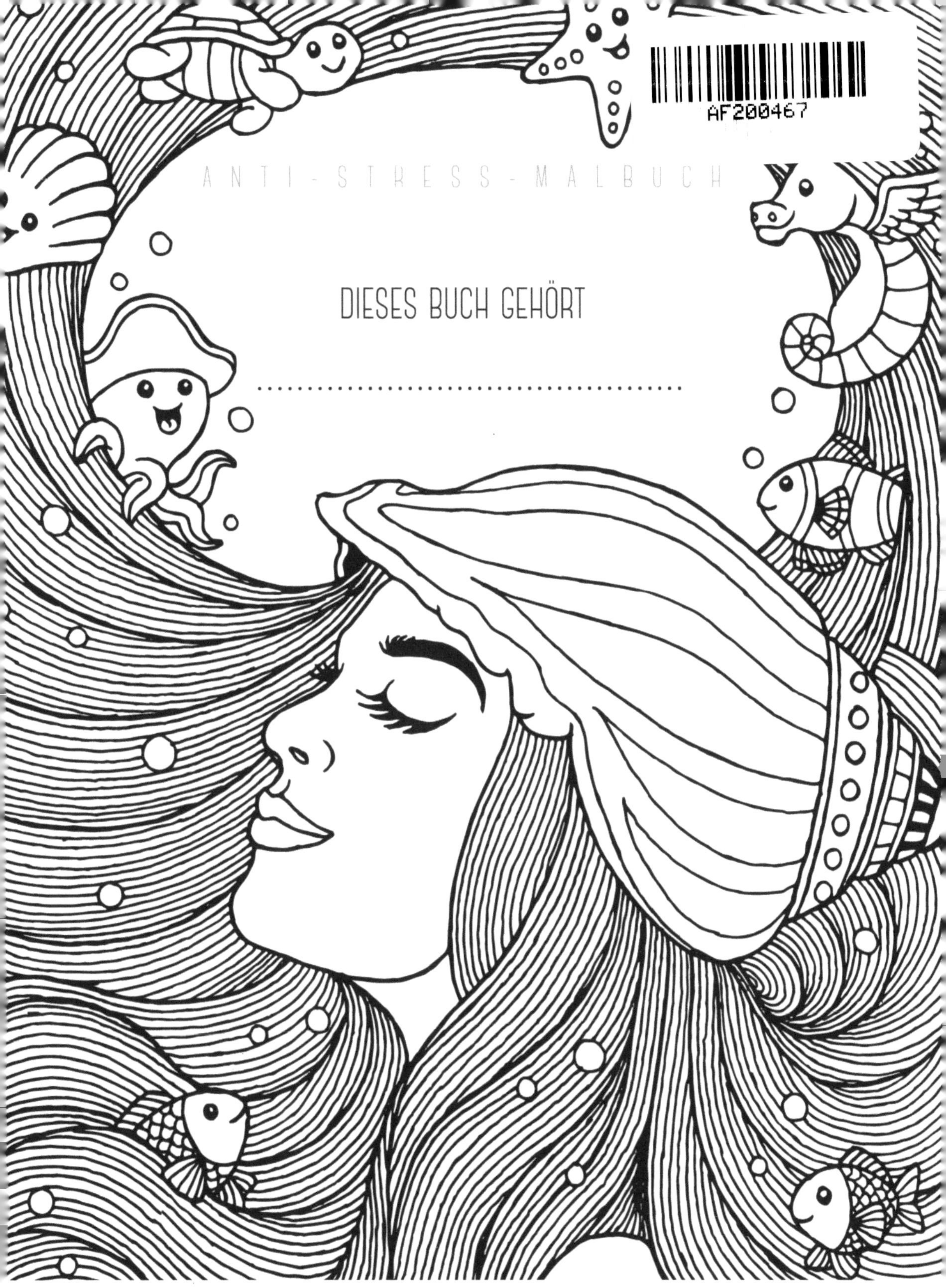
ANTI-STRESS-MALBUCH
DIESES BUCH GEHÖRT
....

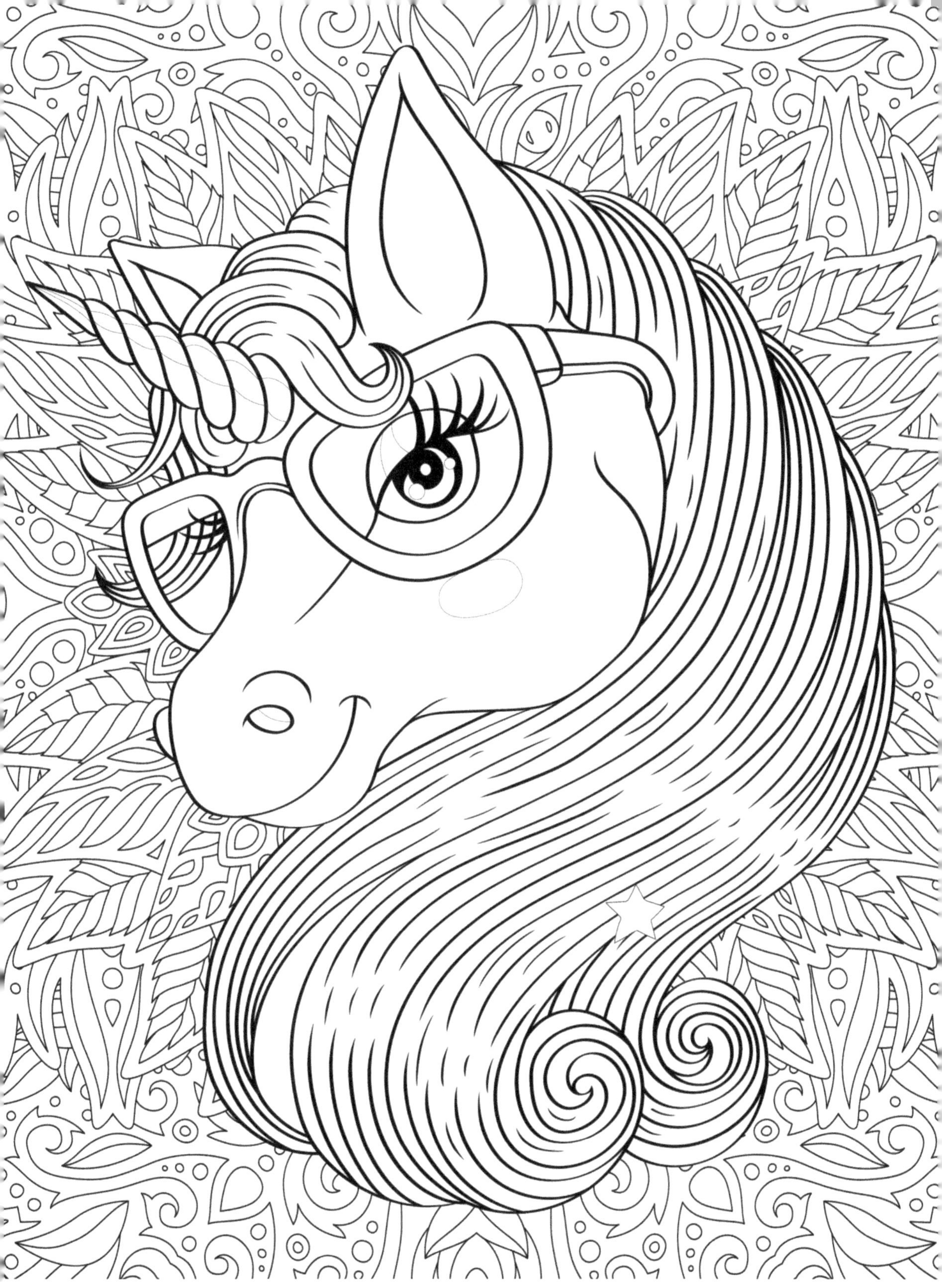

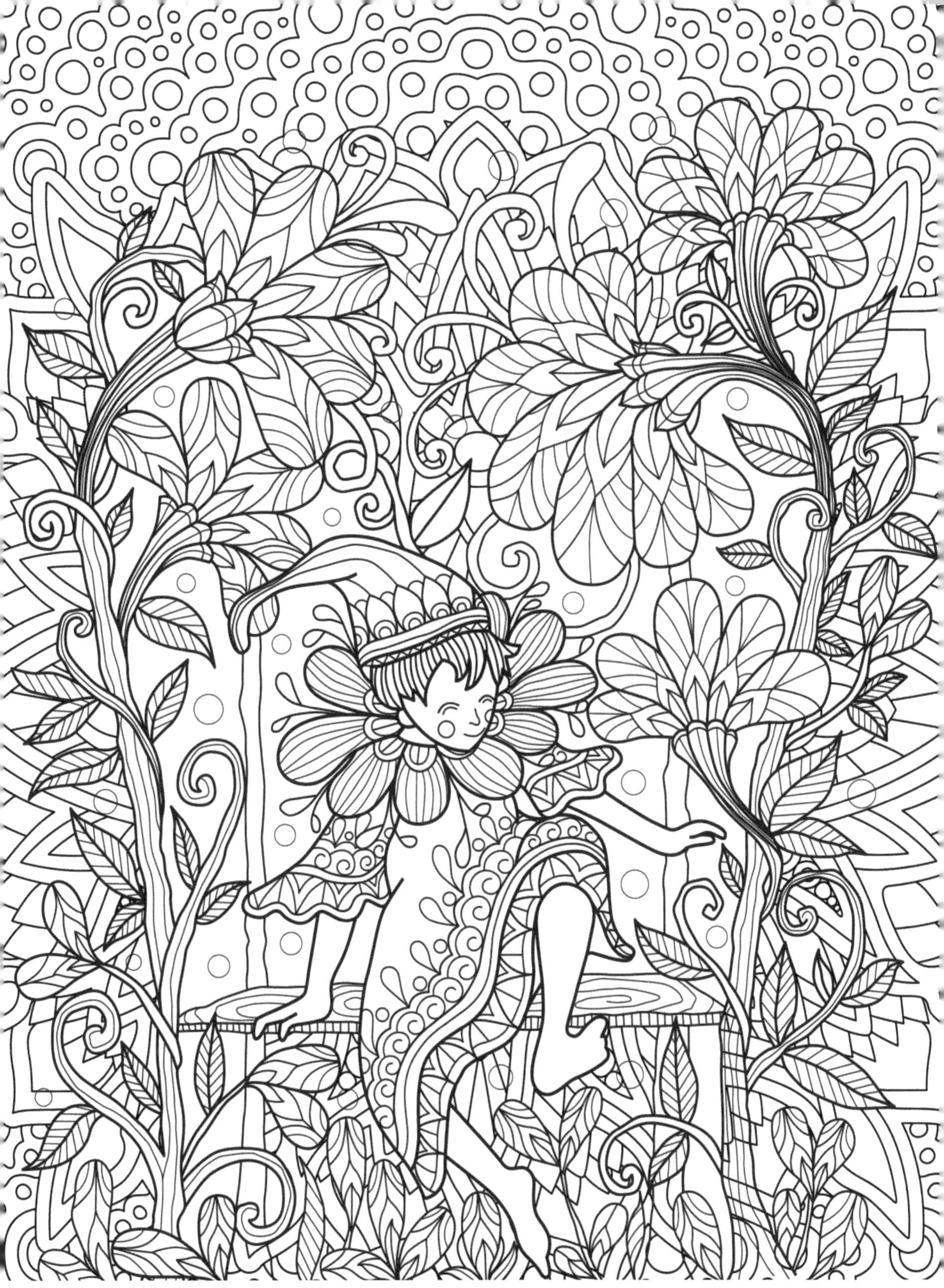

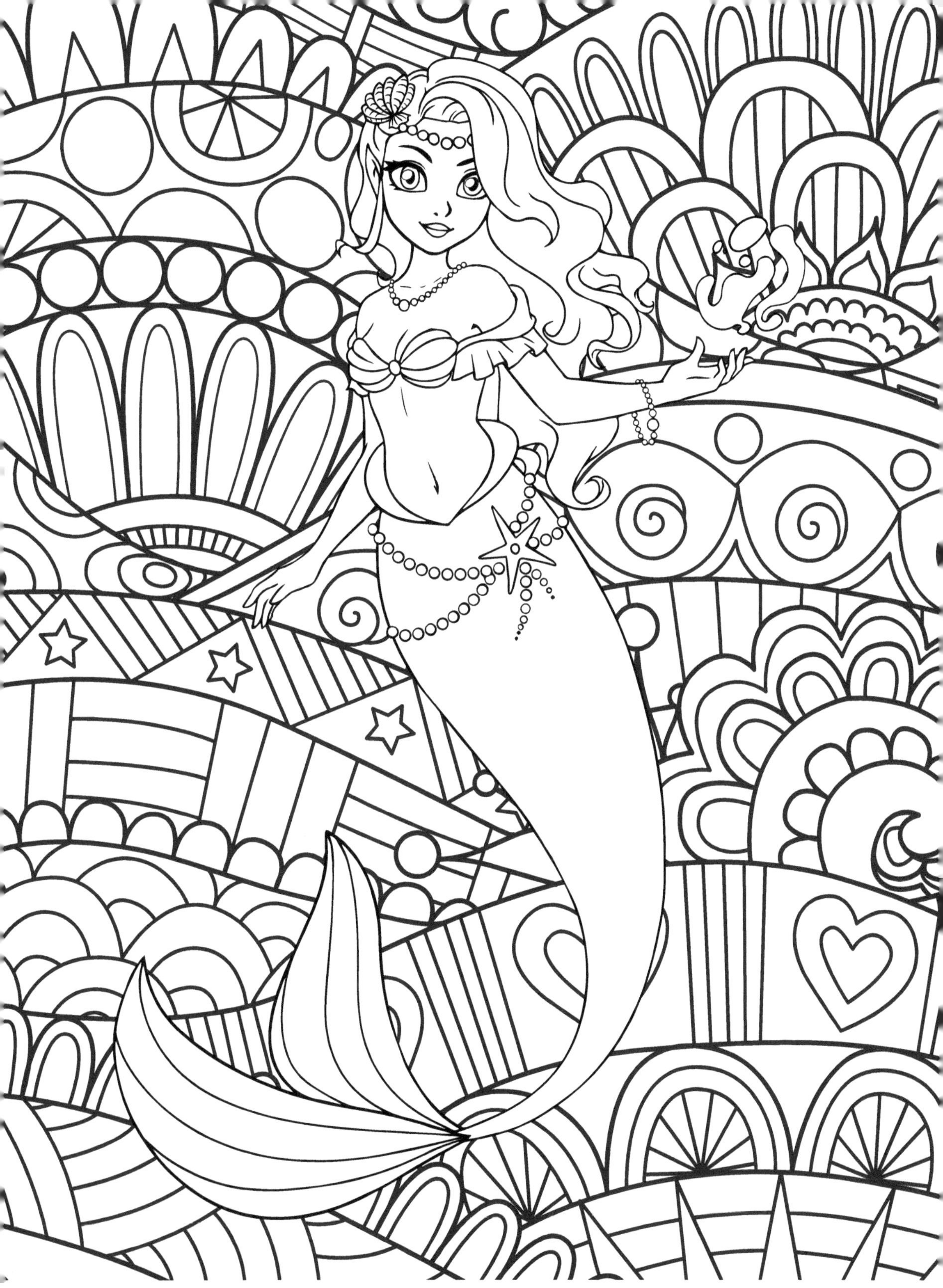

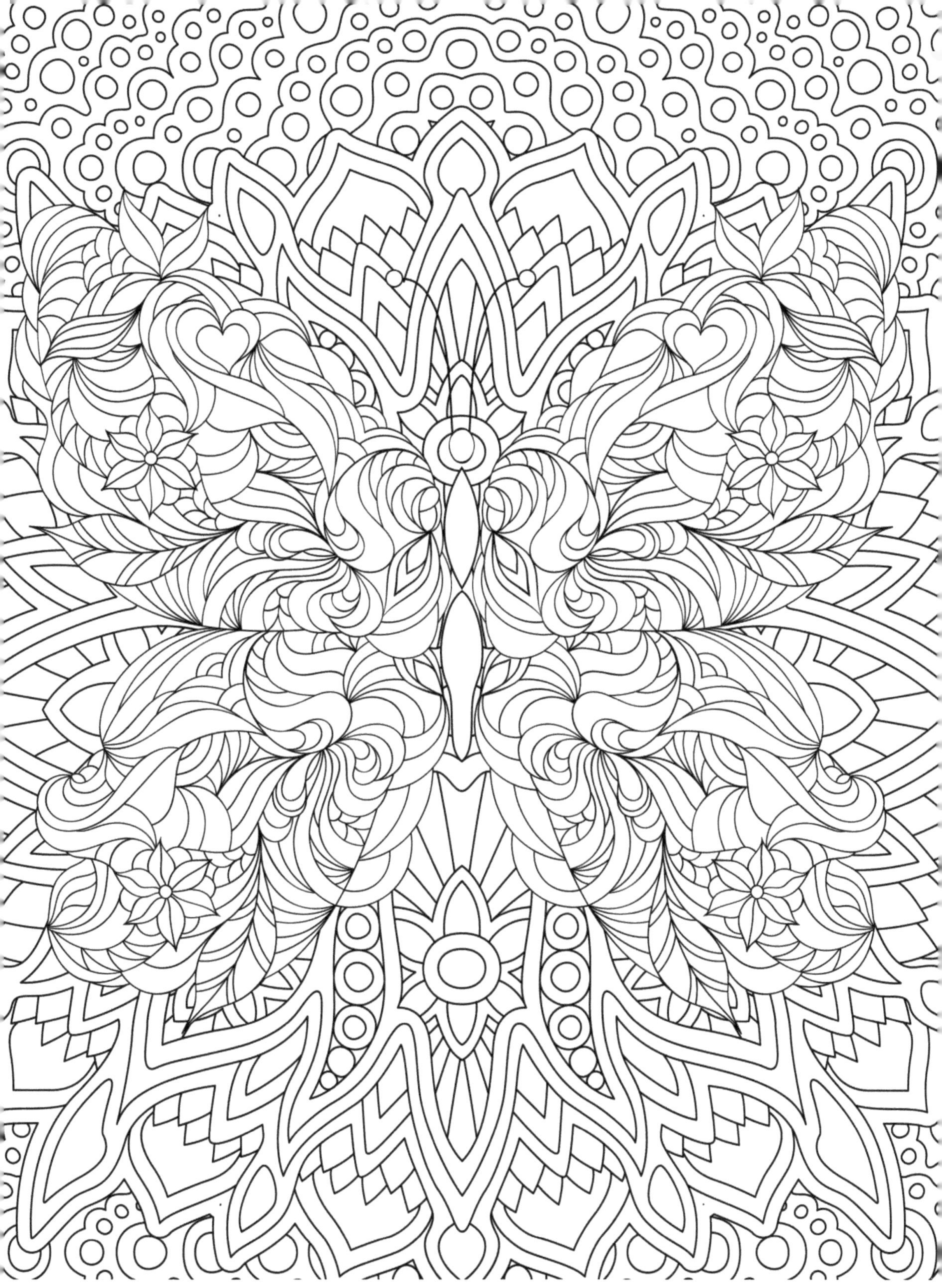

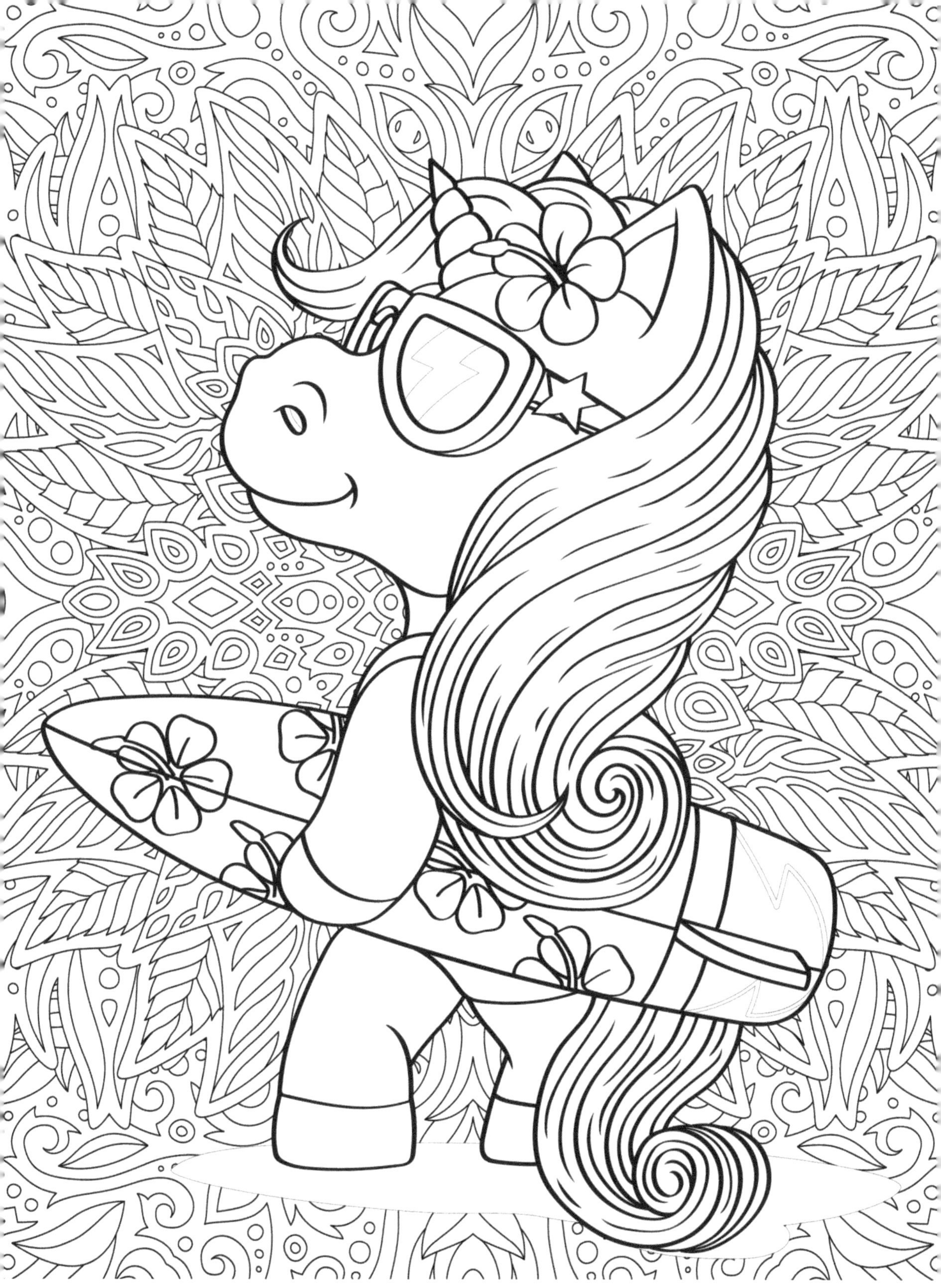

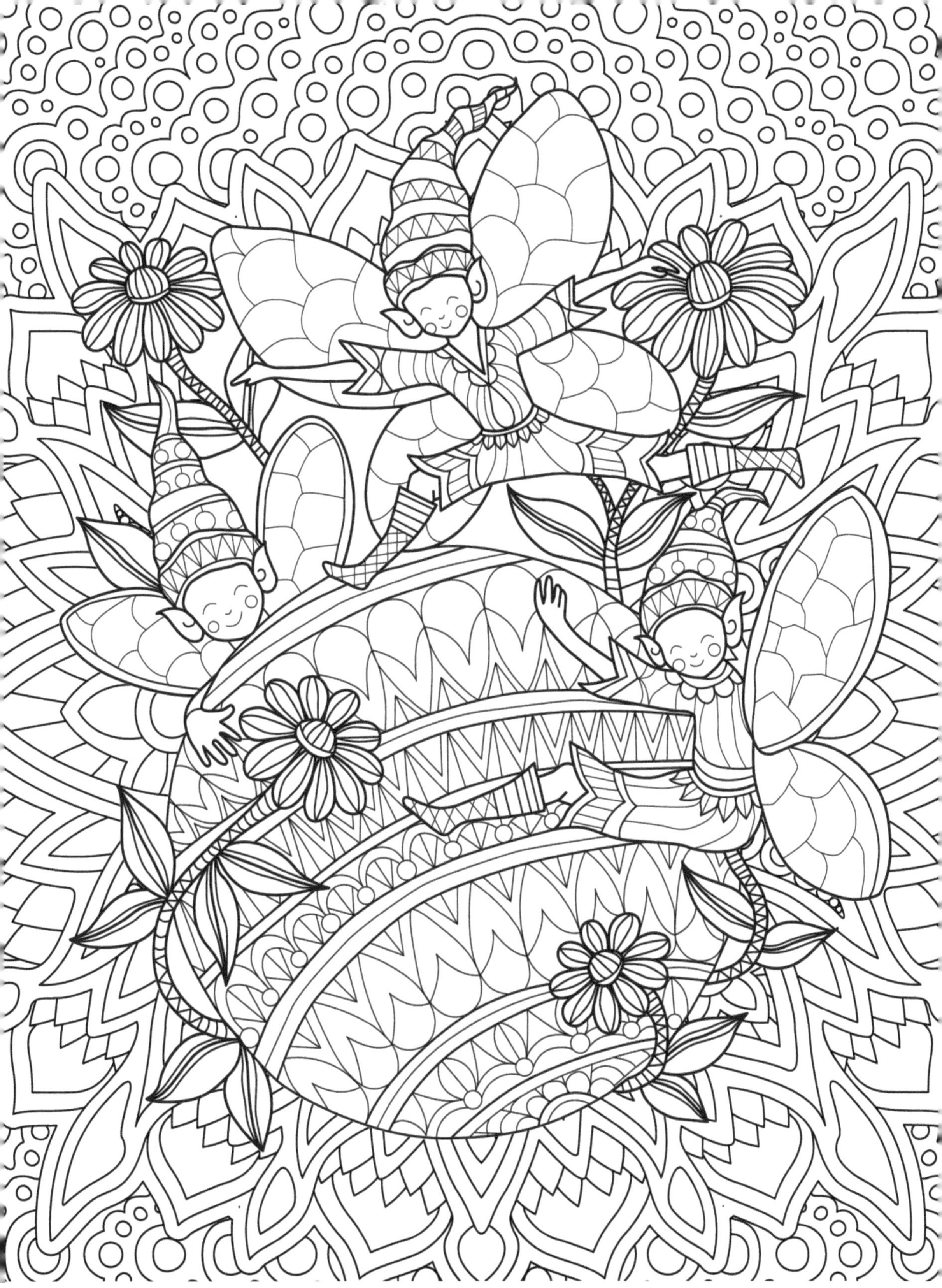

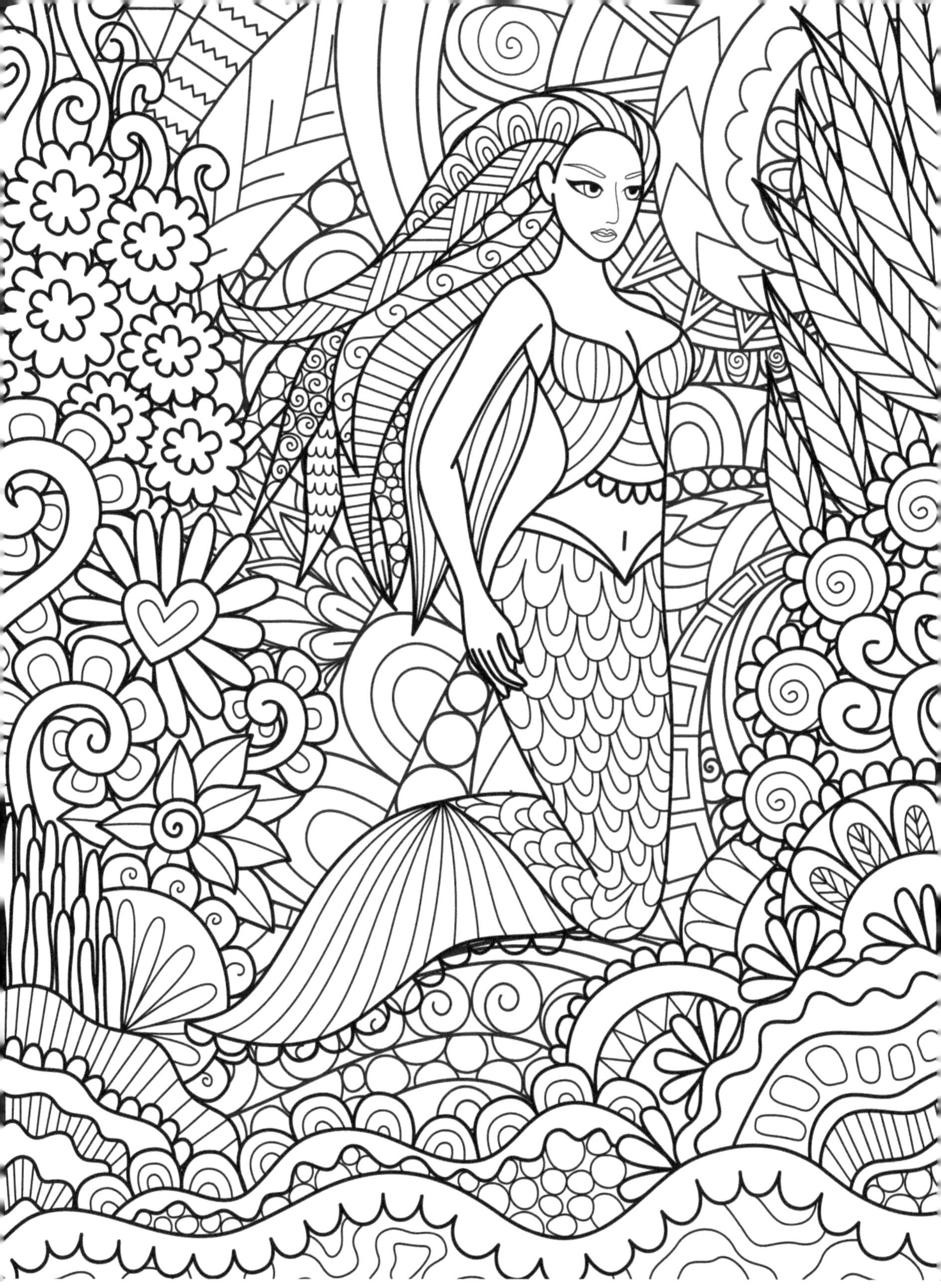

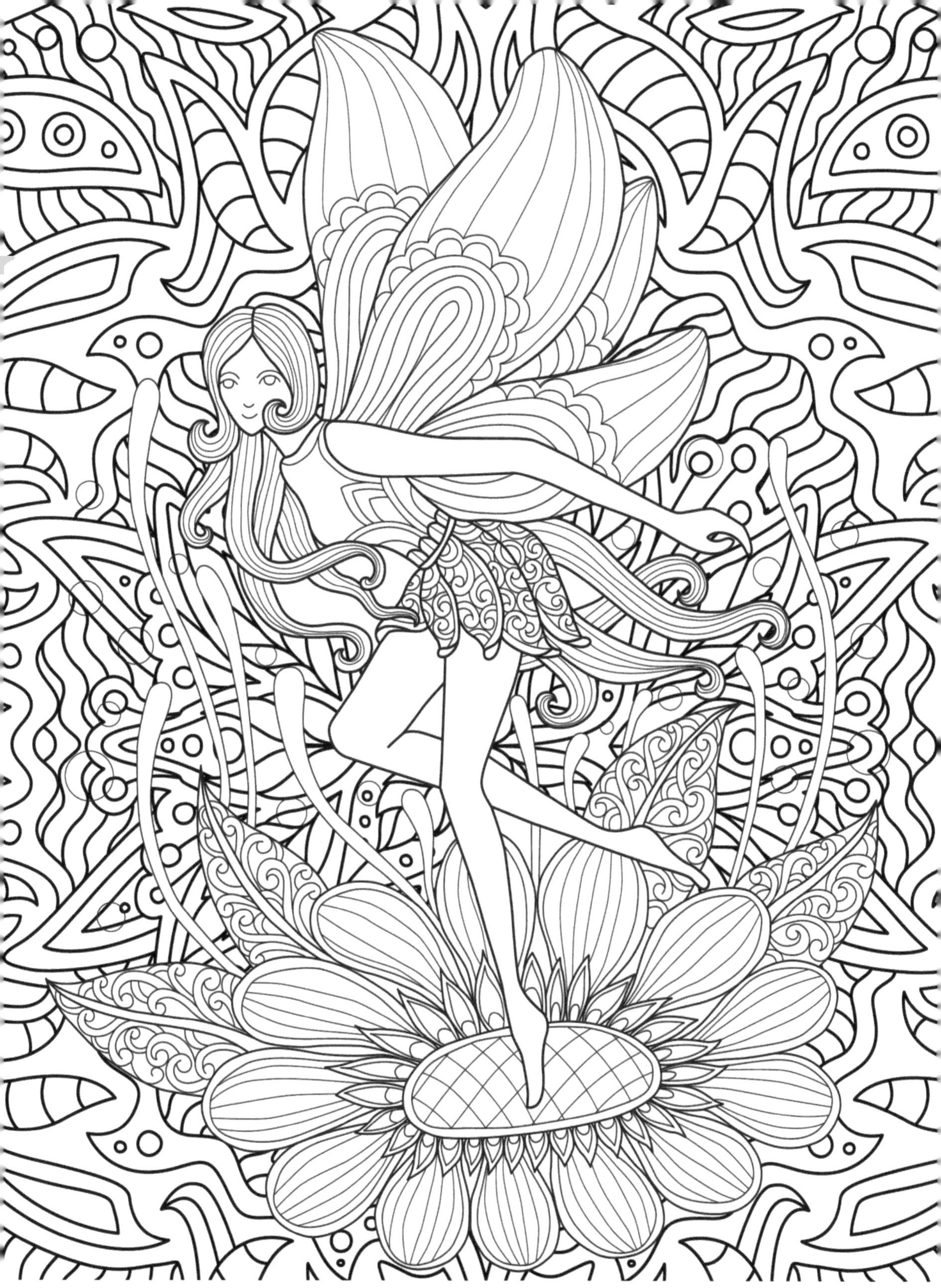

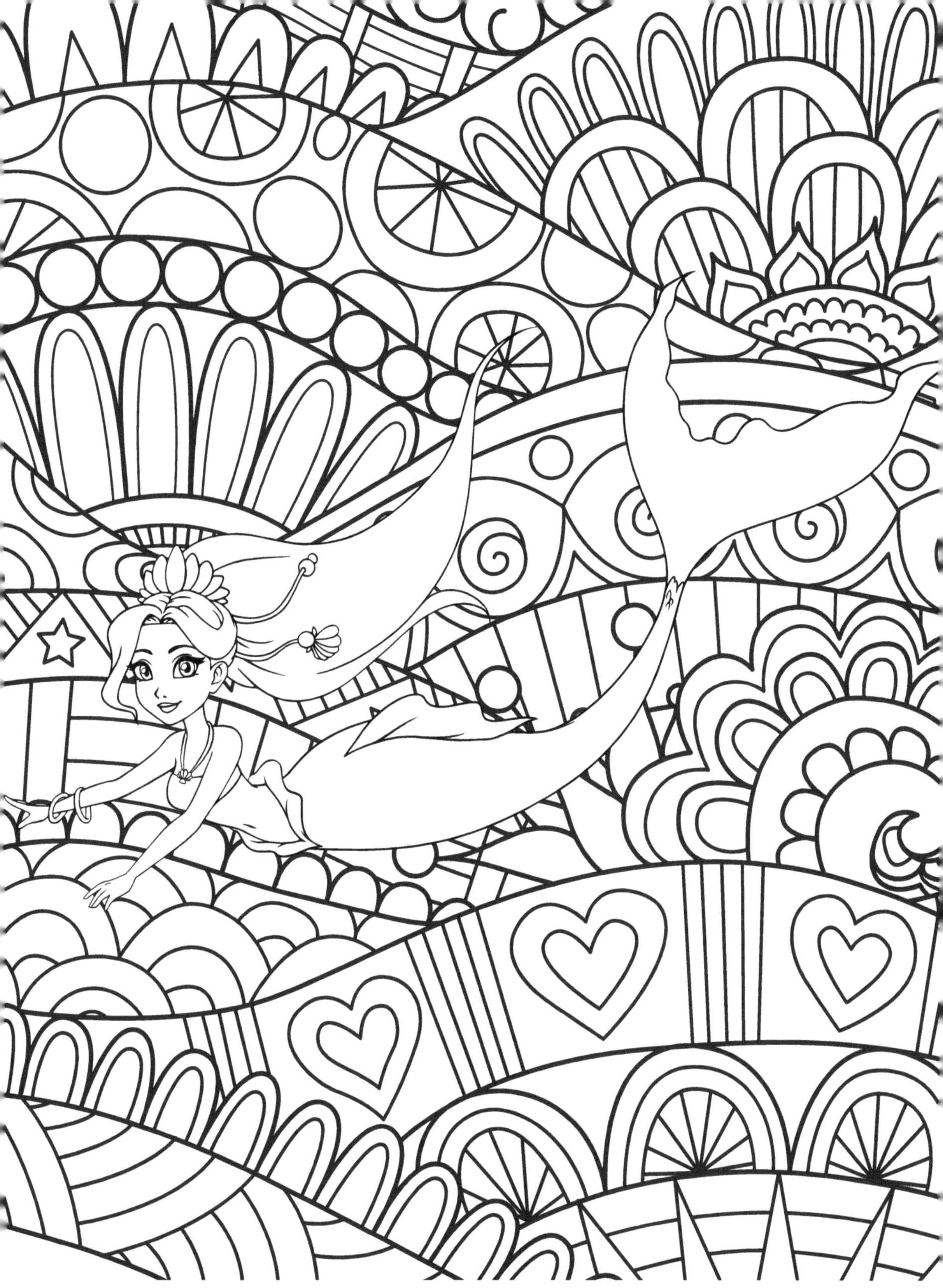

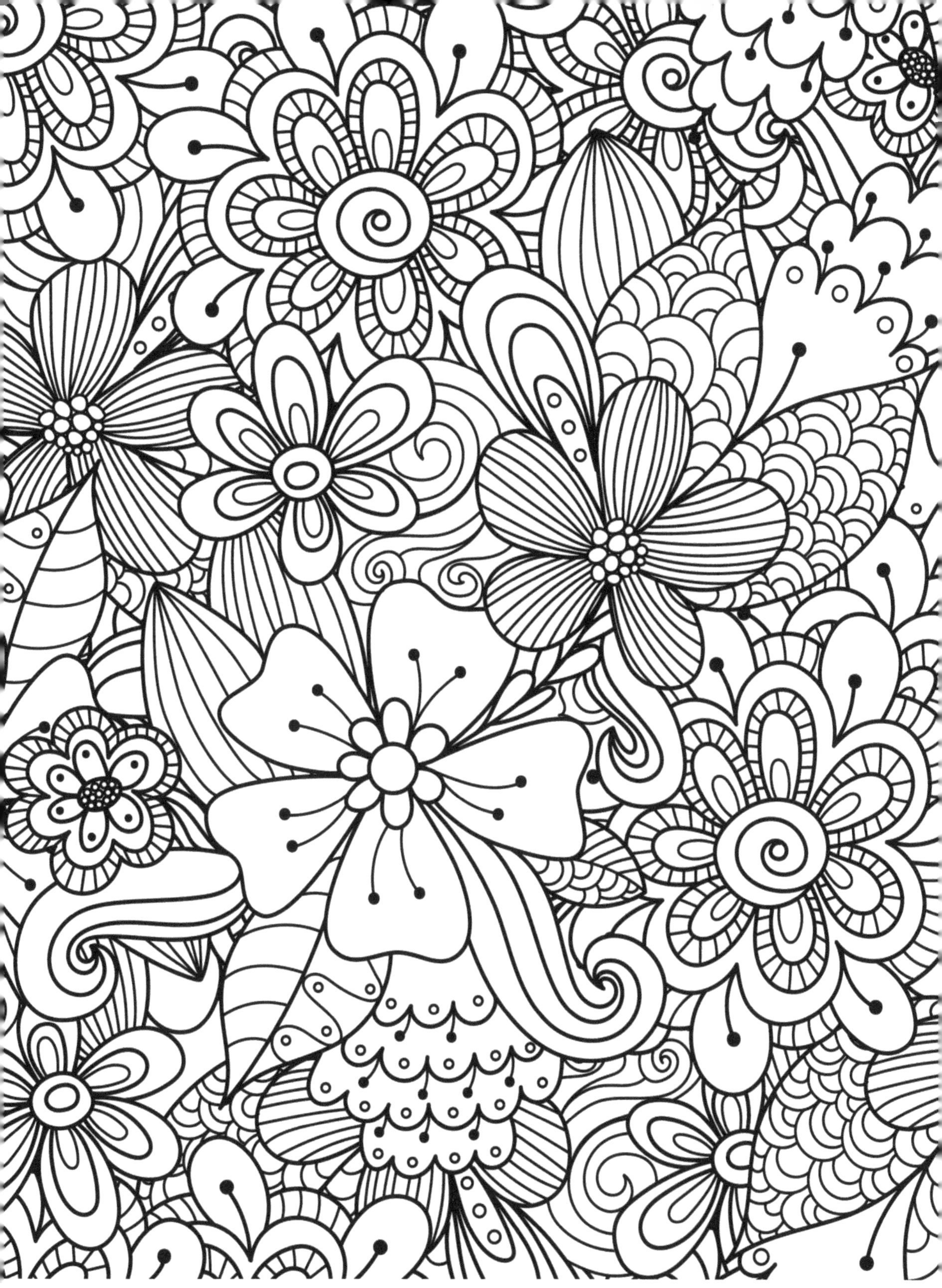

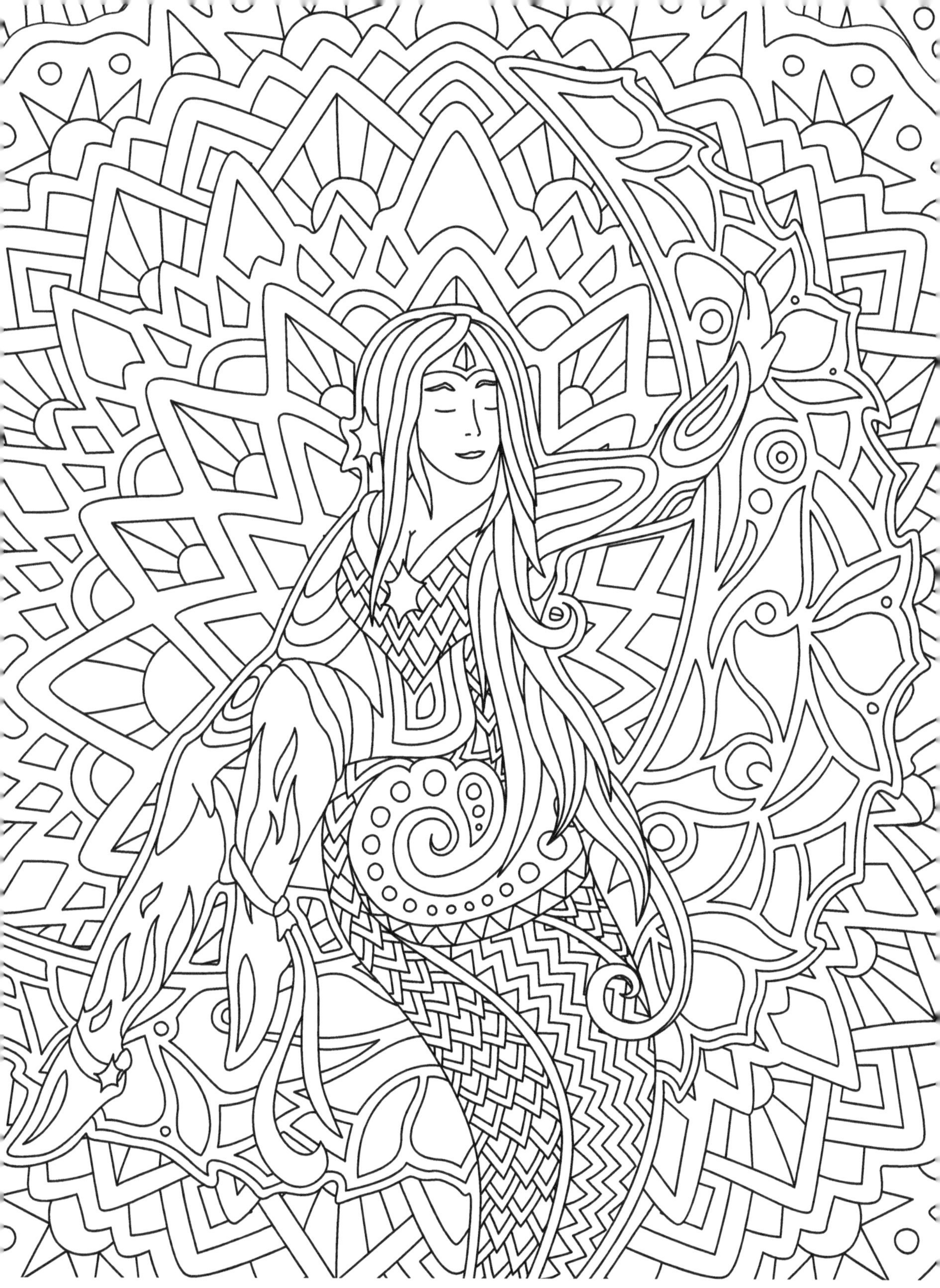

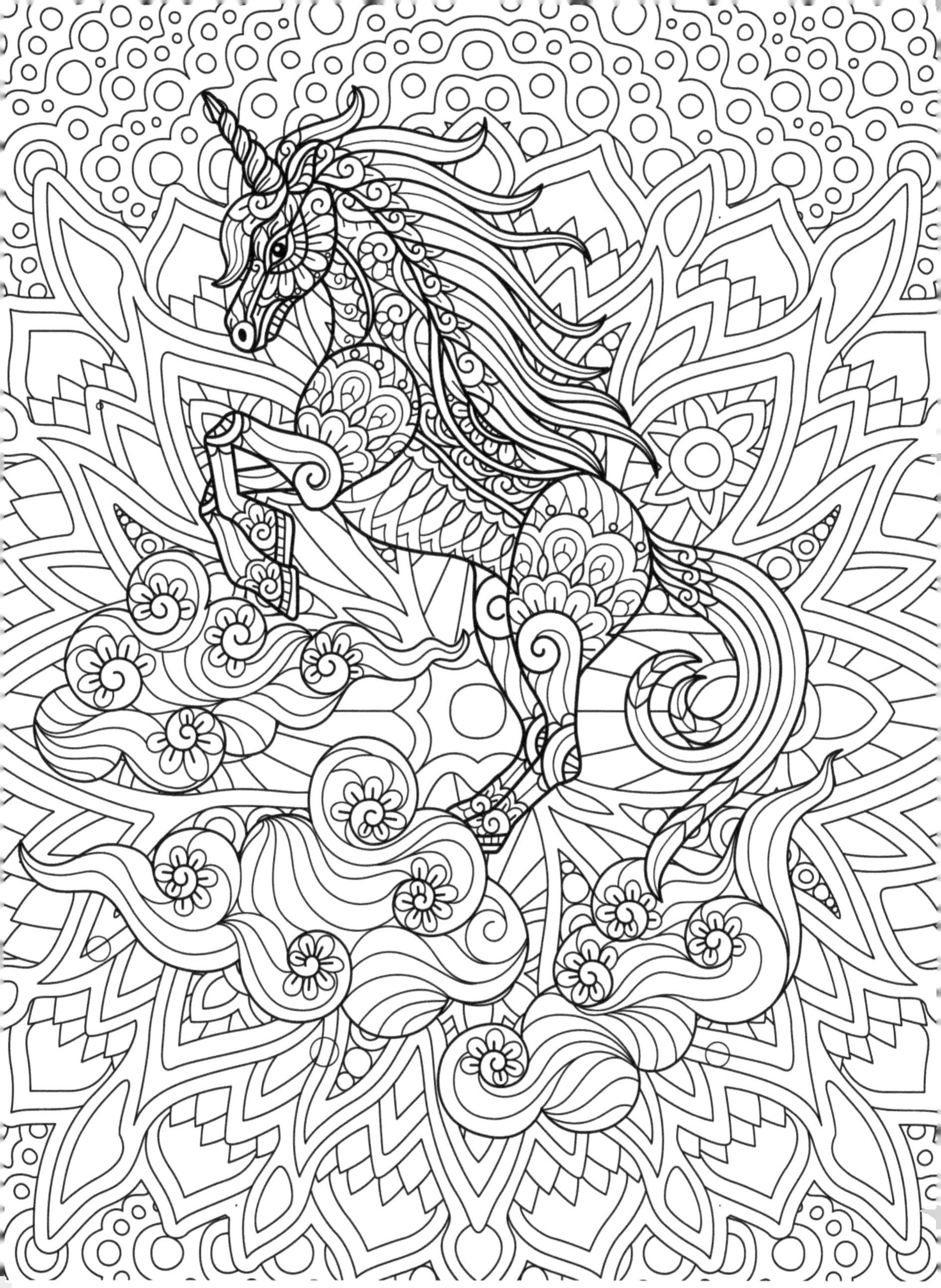

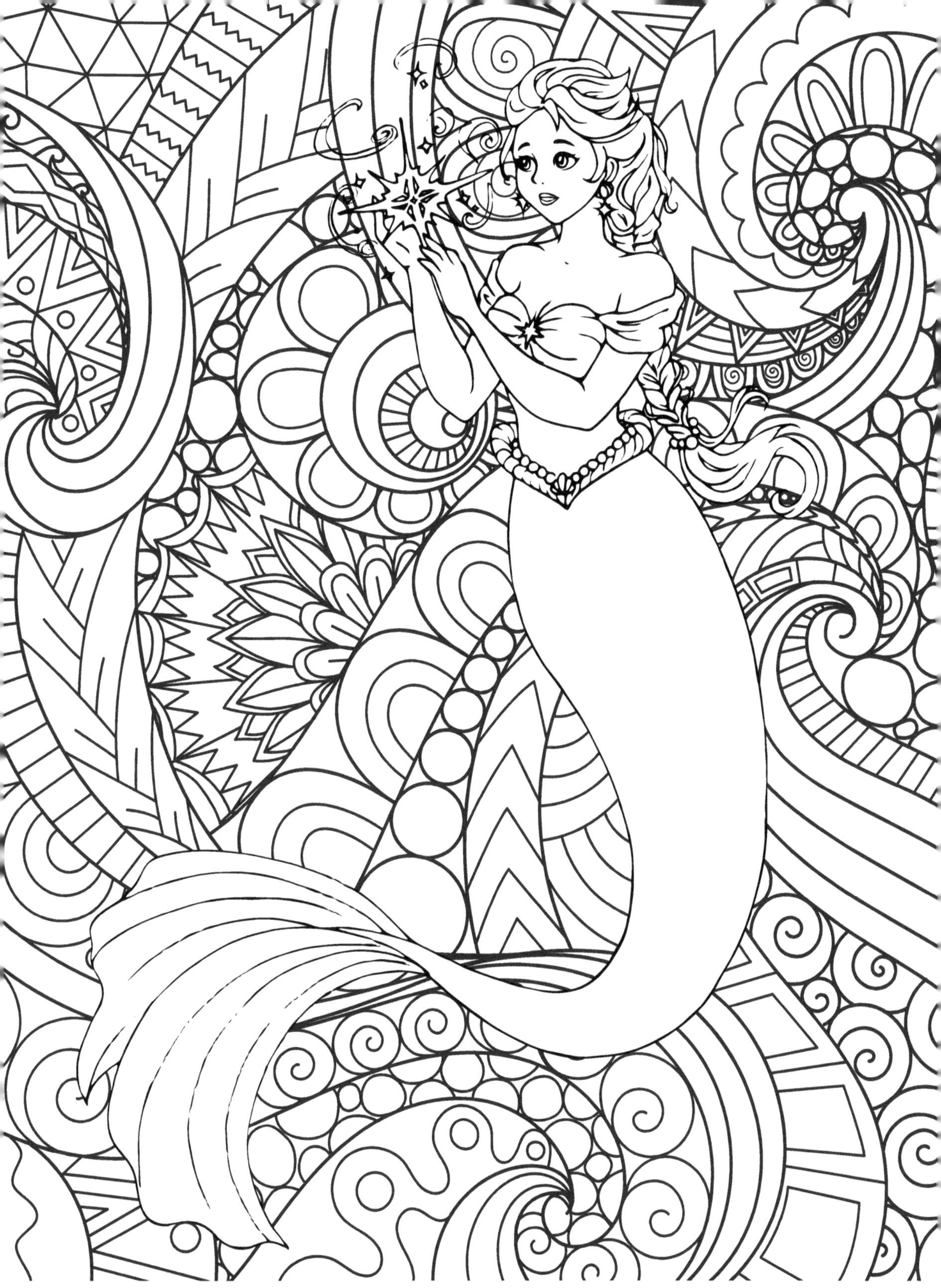

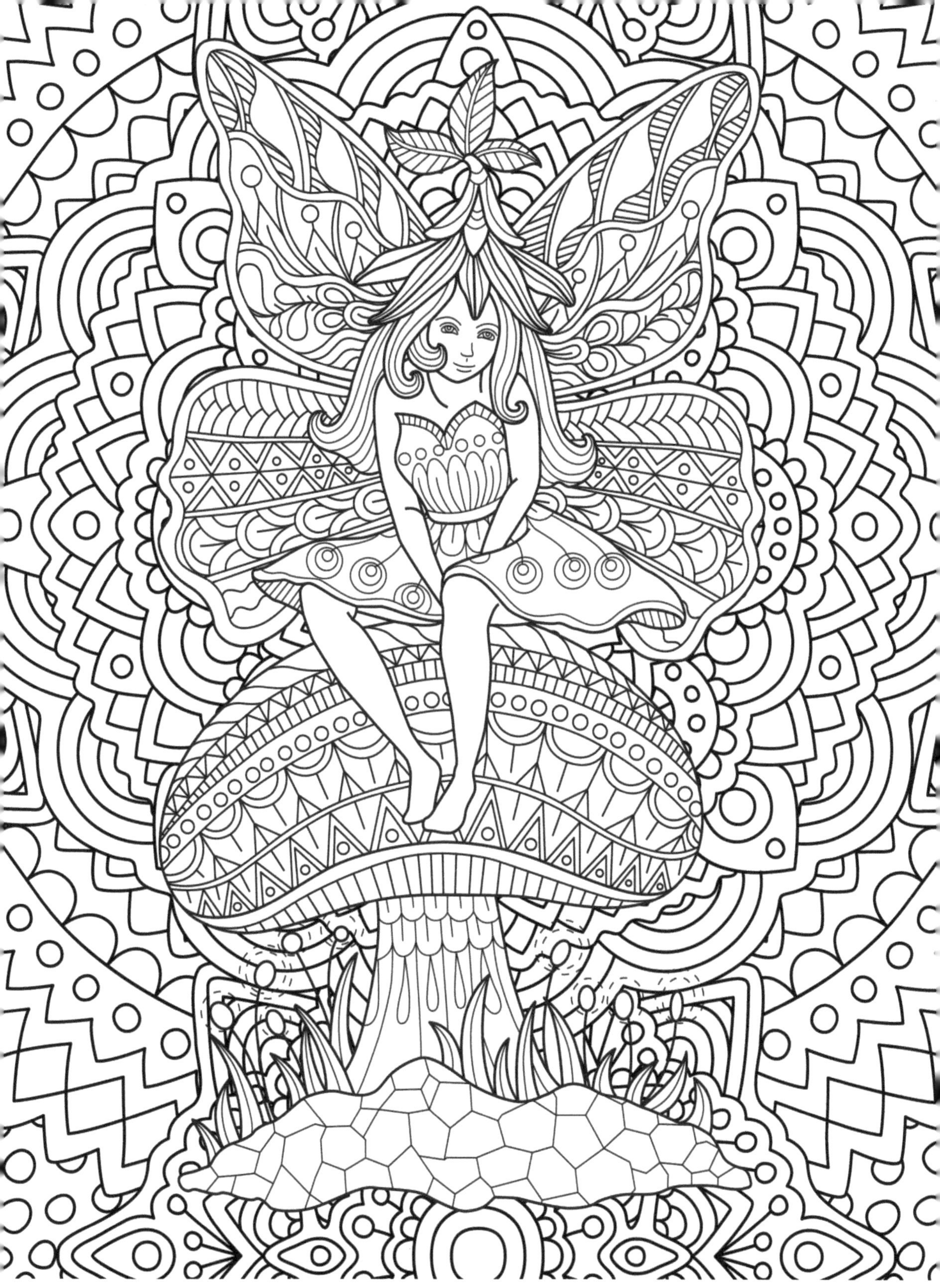

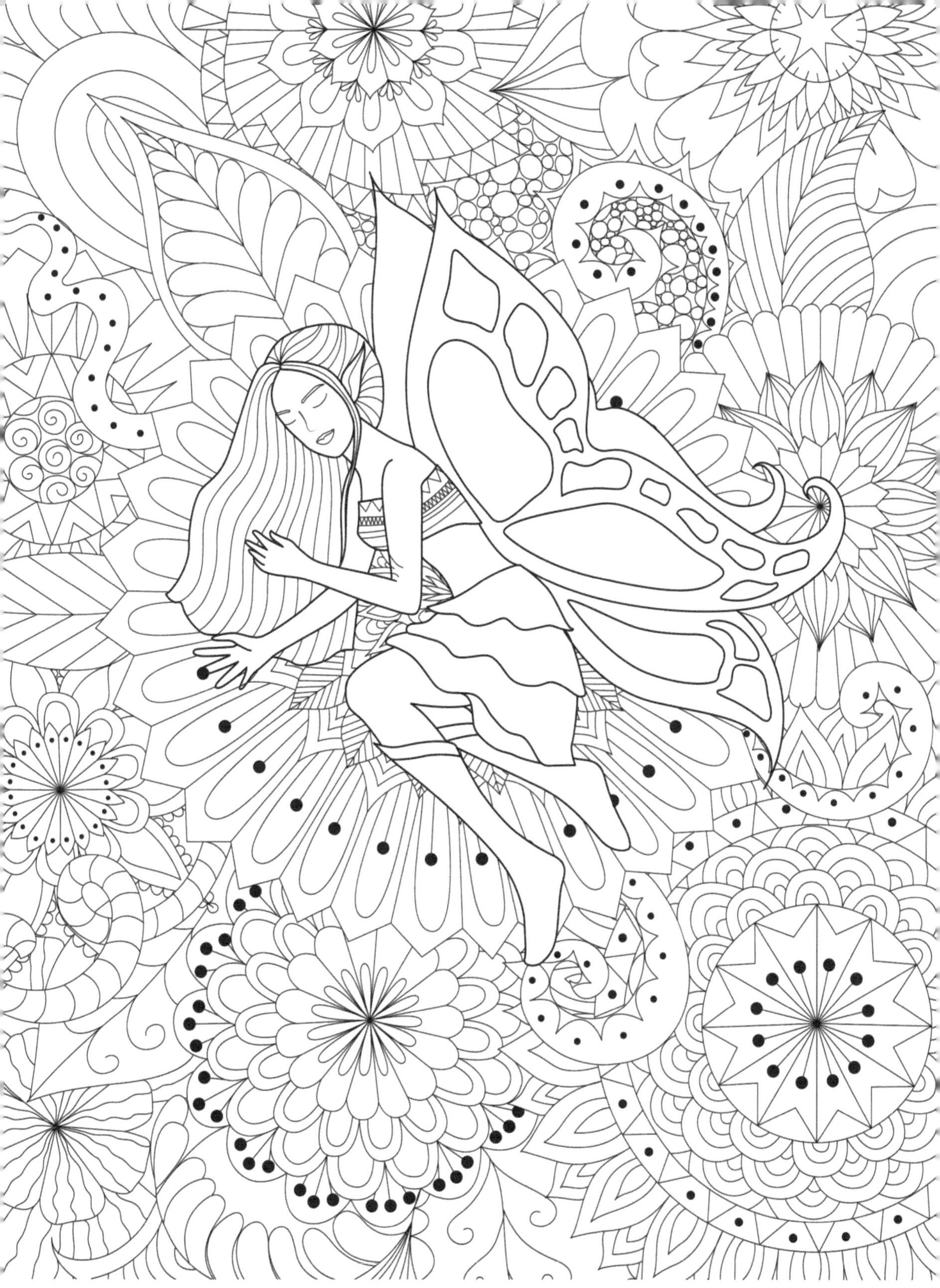

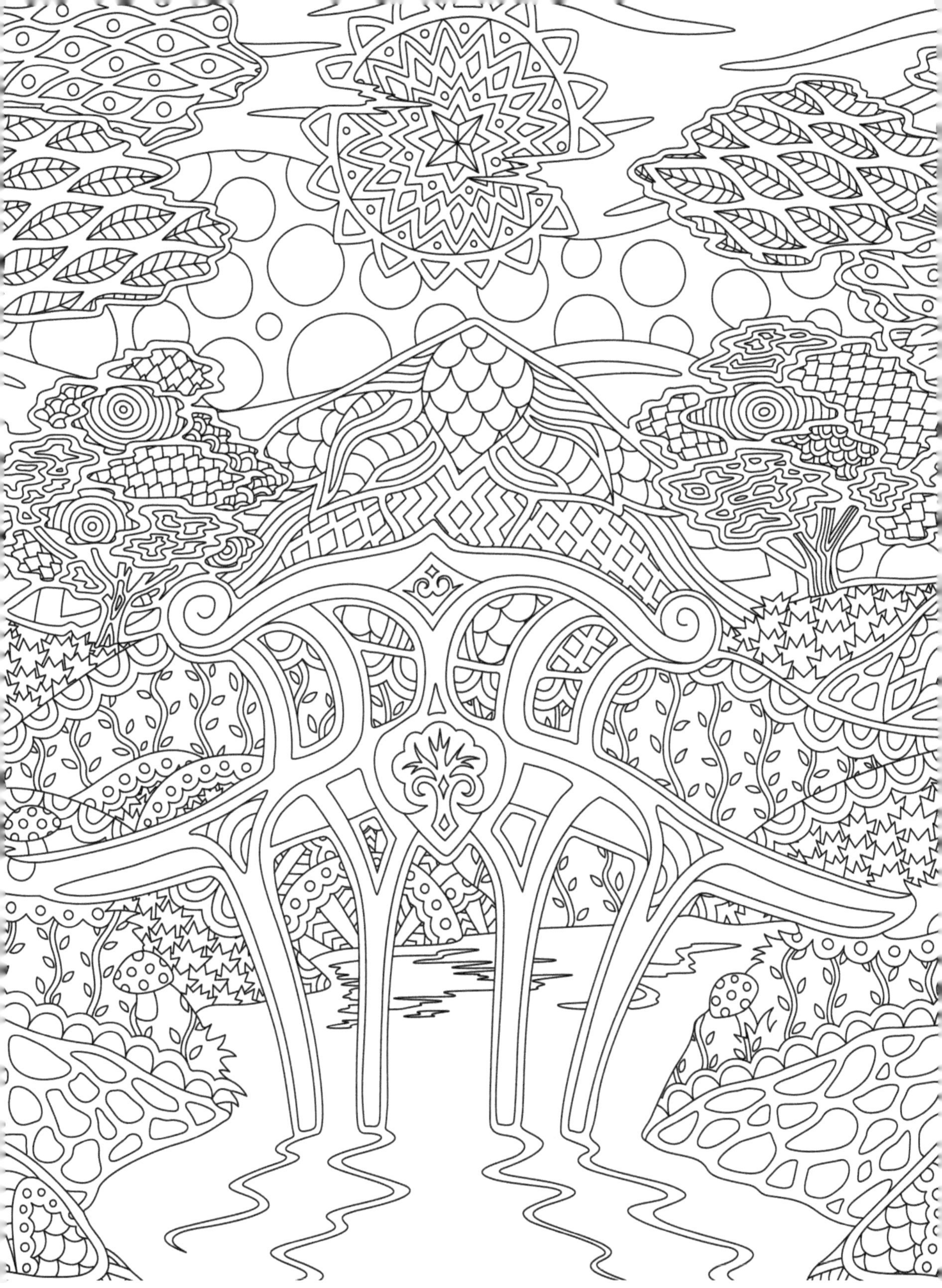

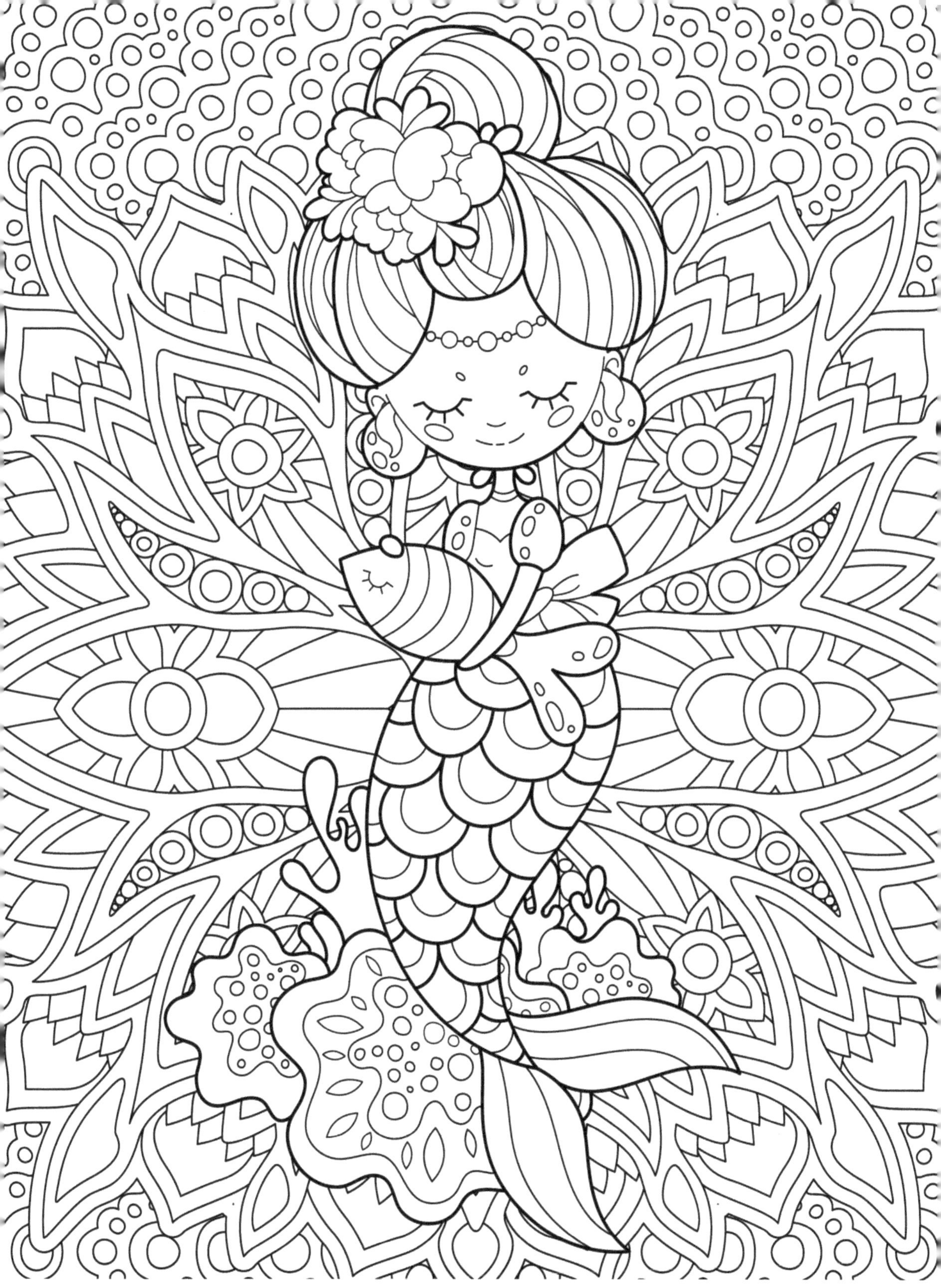

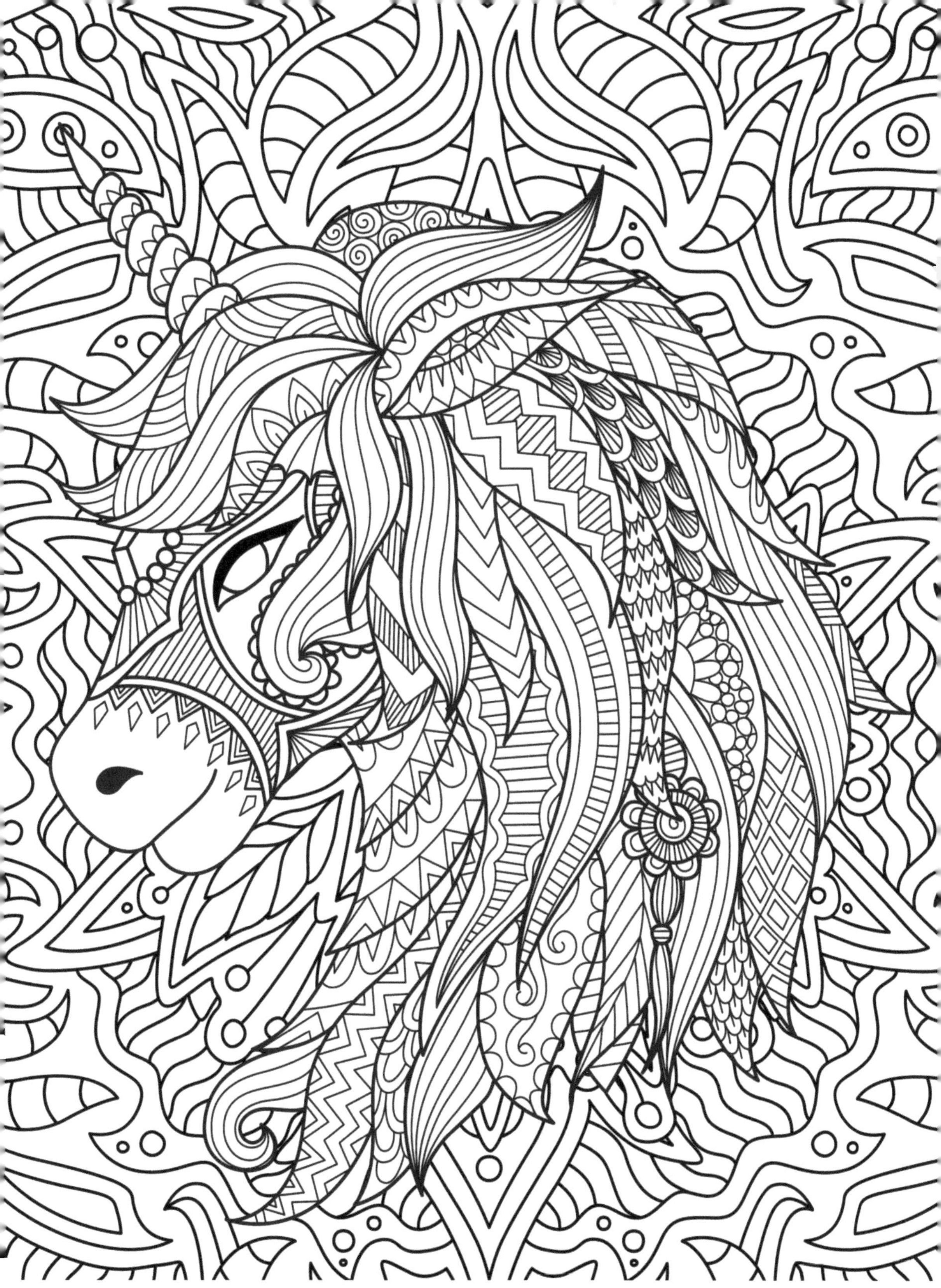

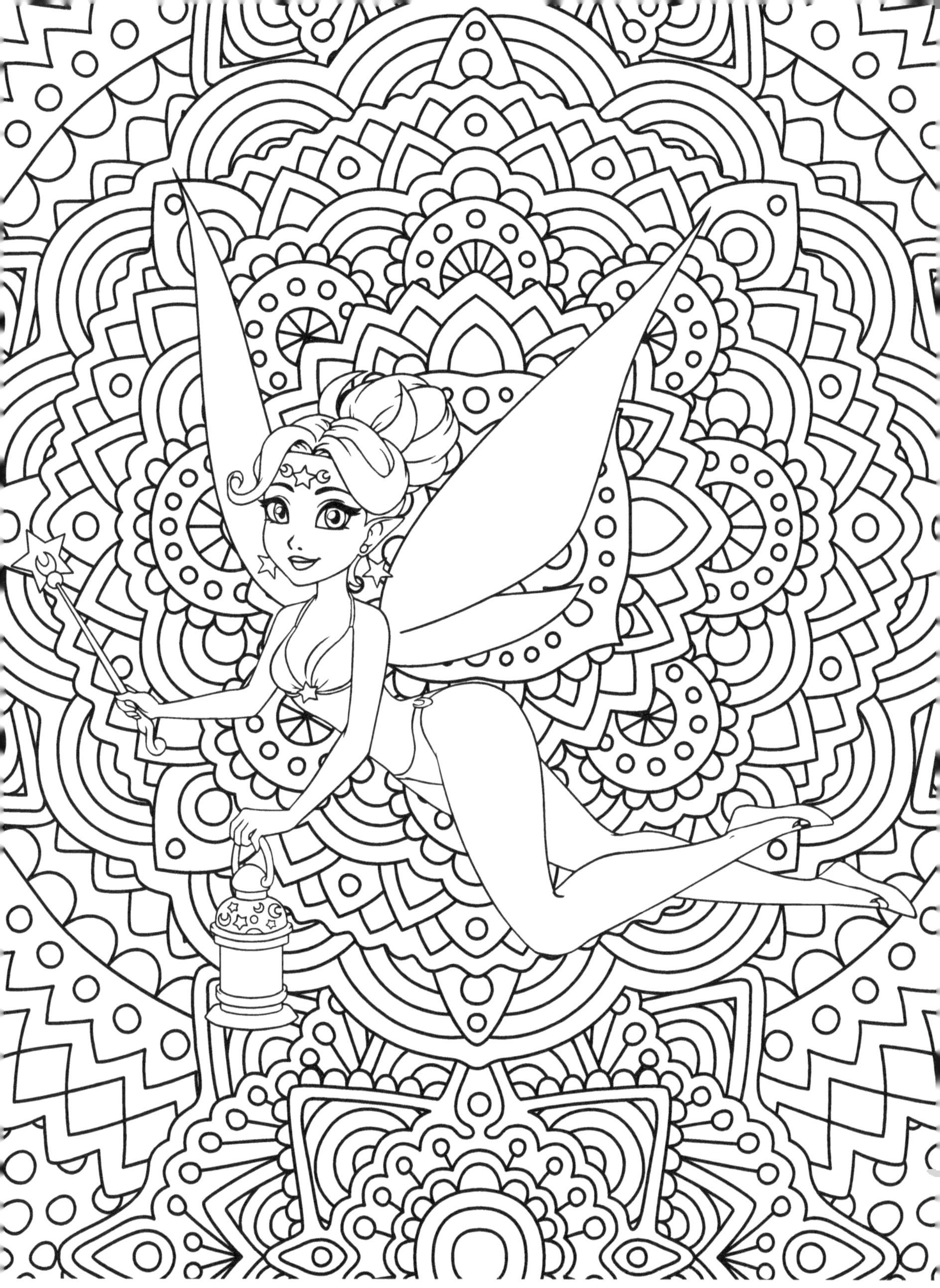

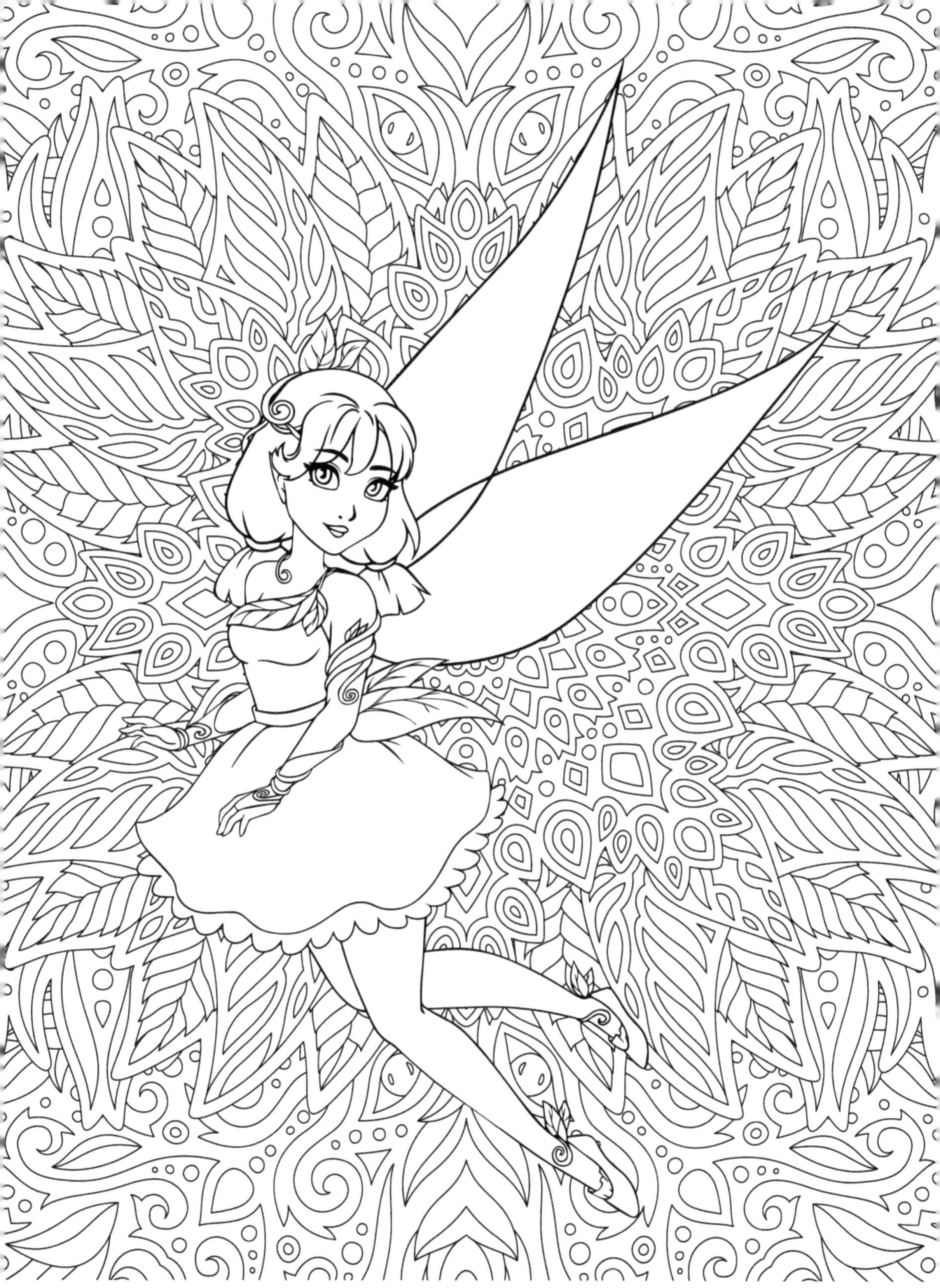

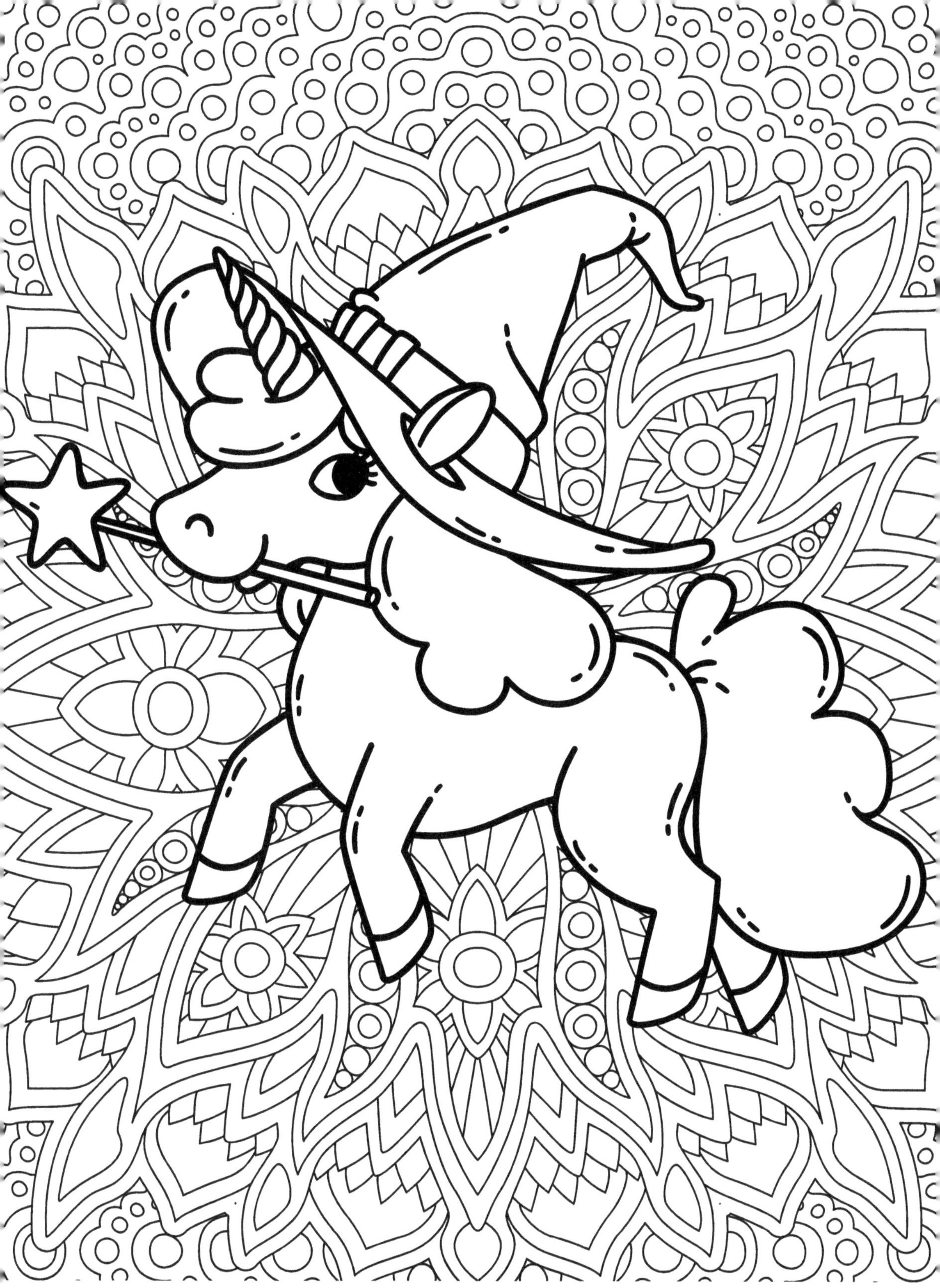

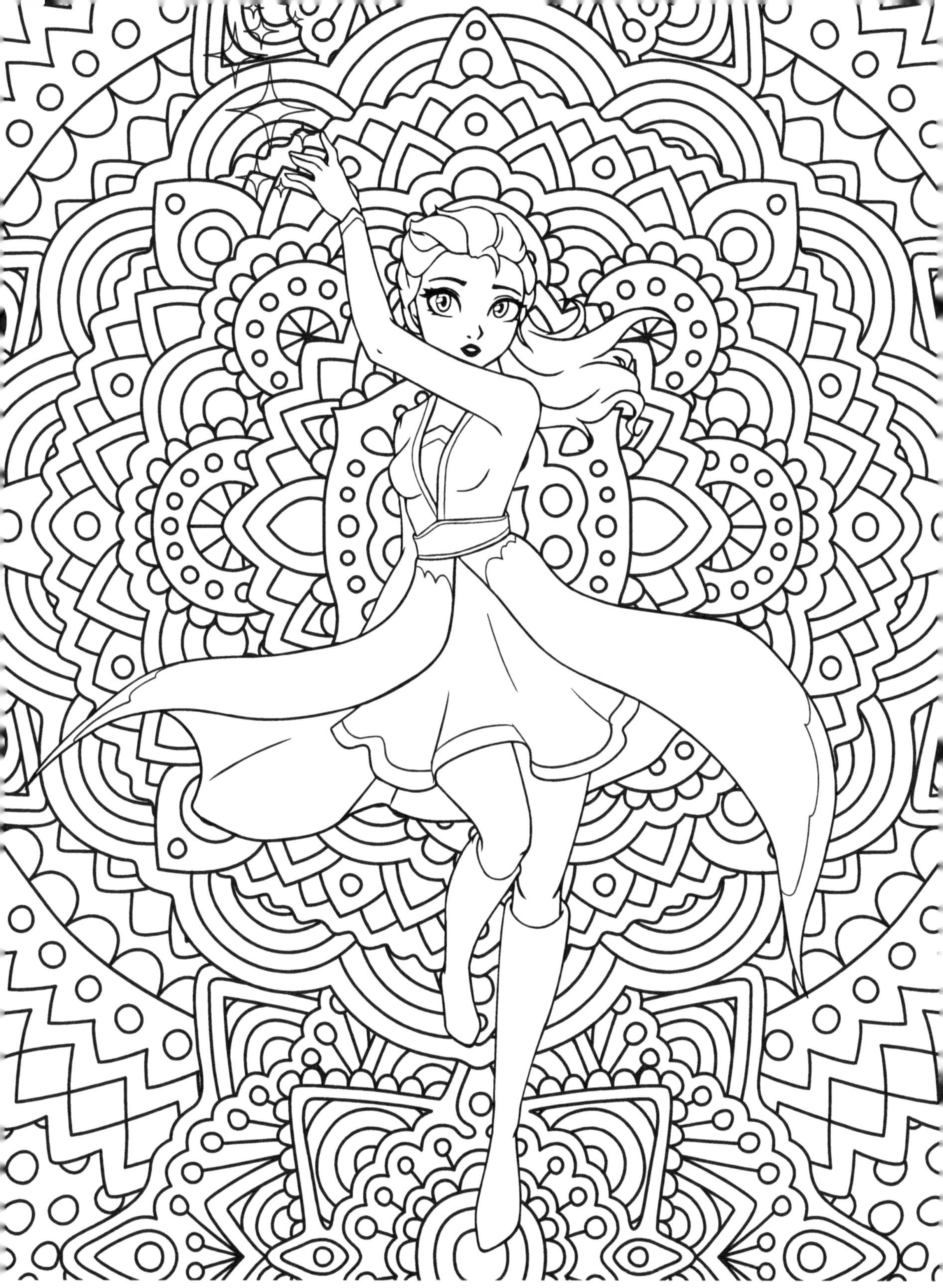

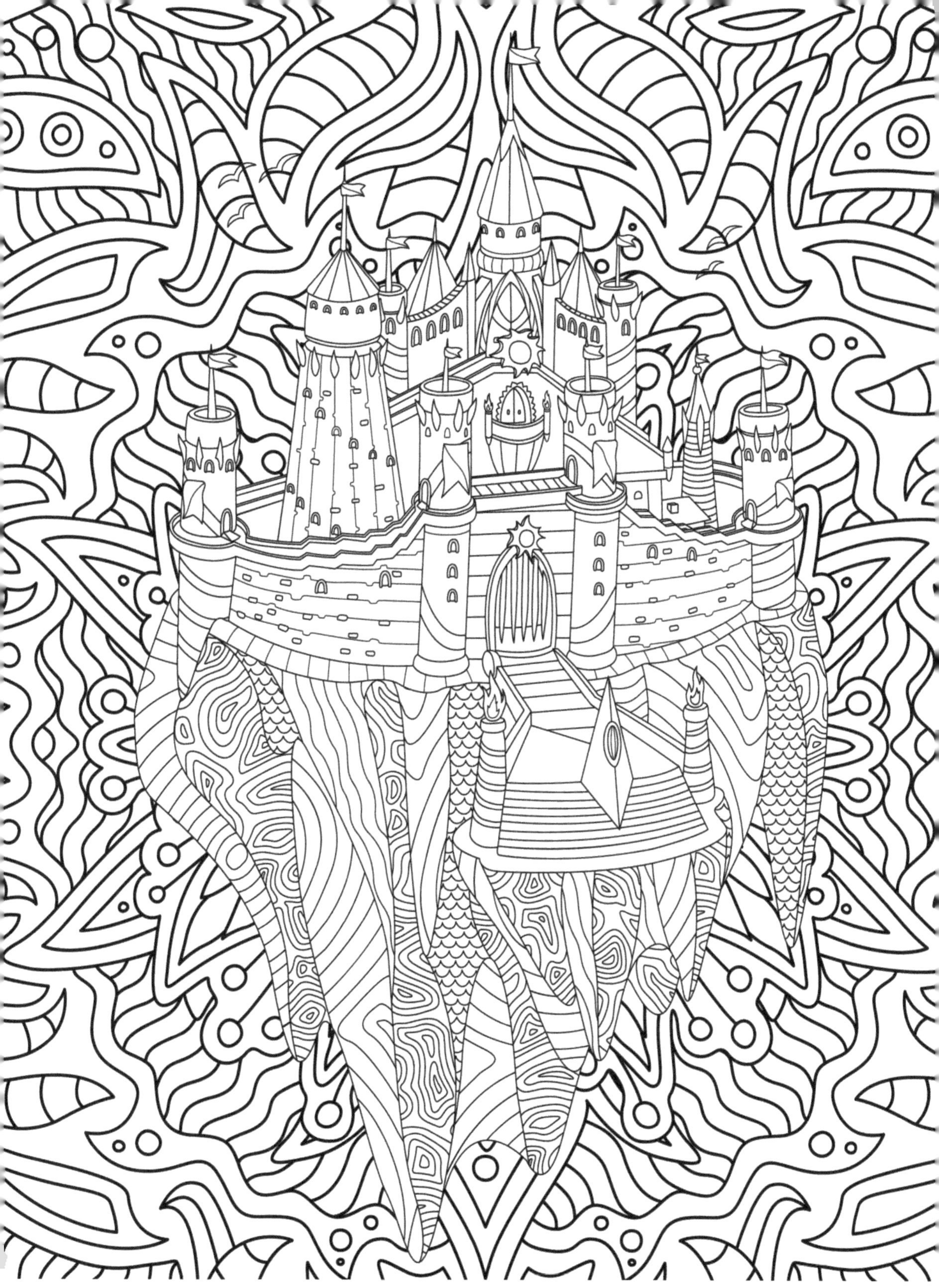

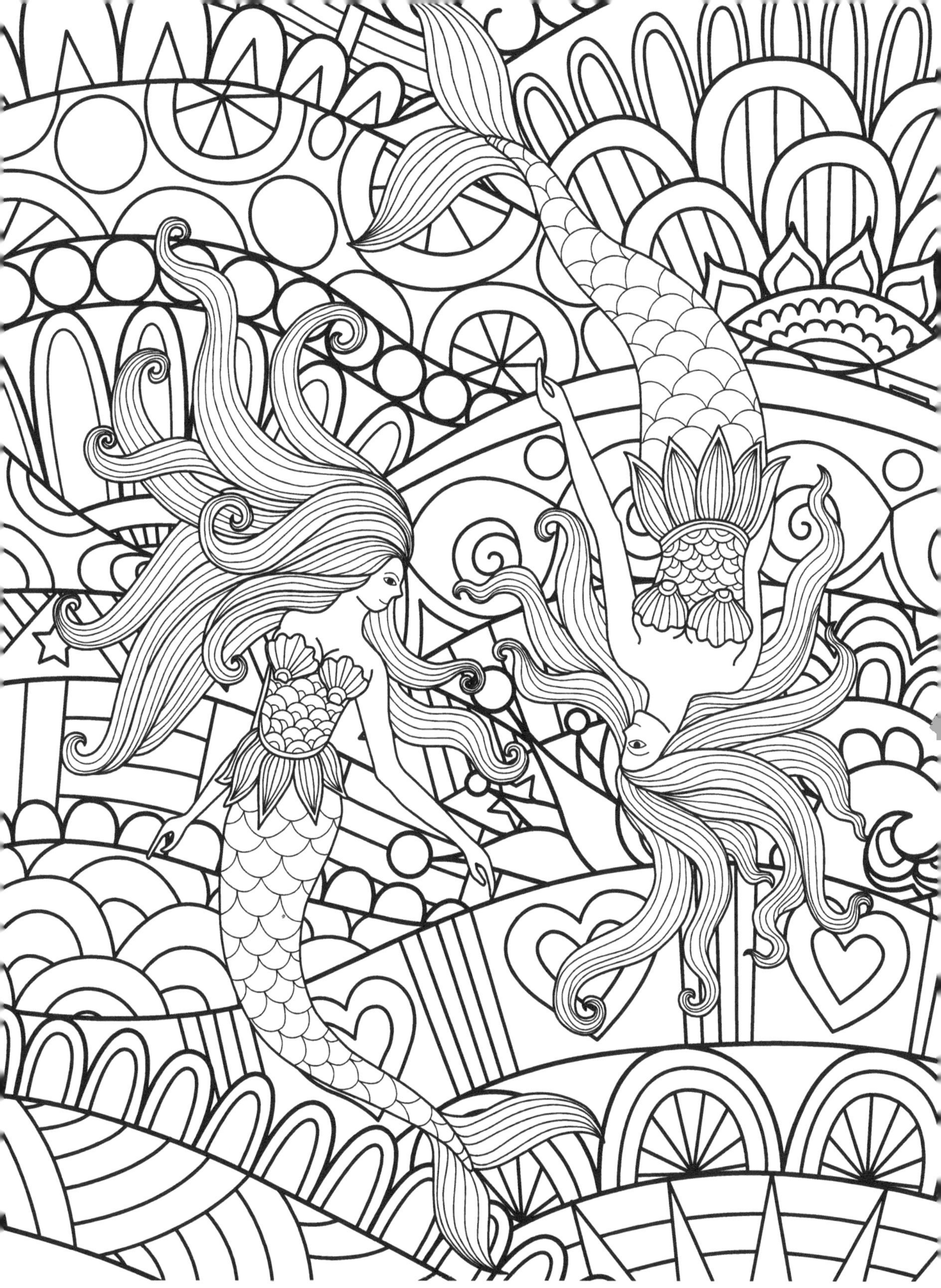

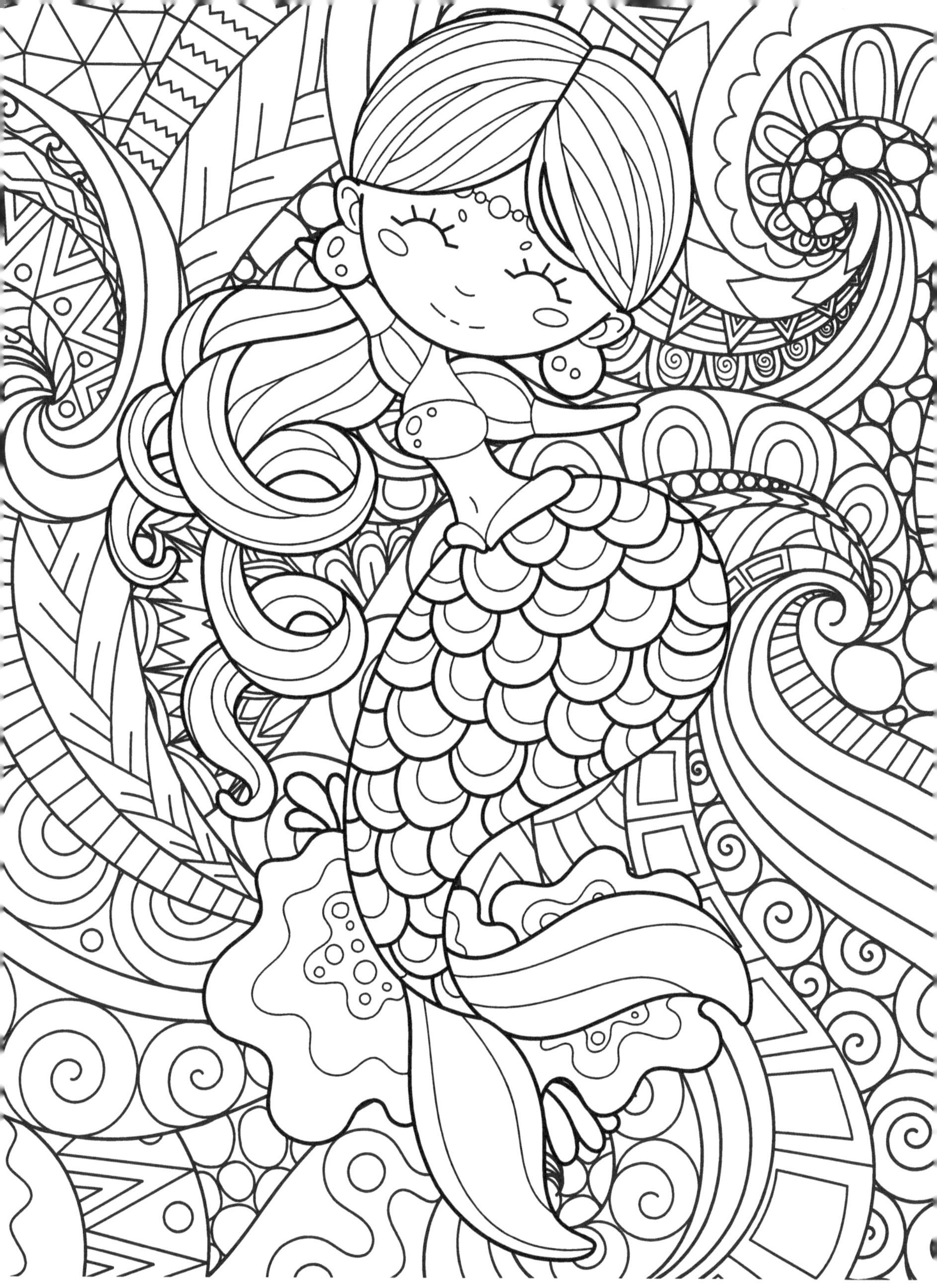

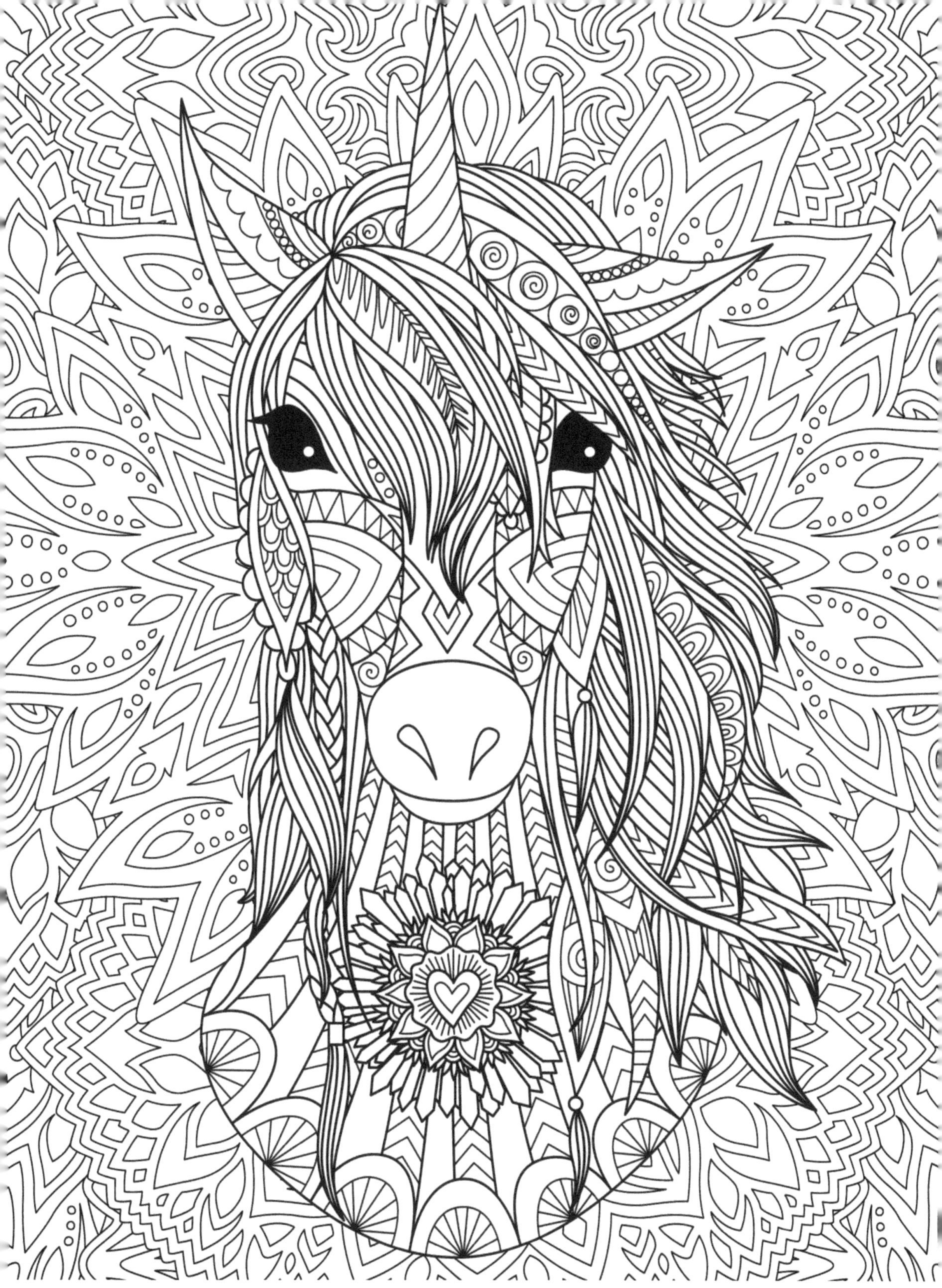

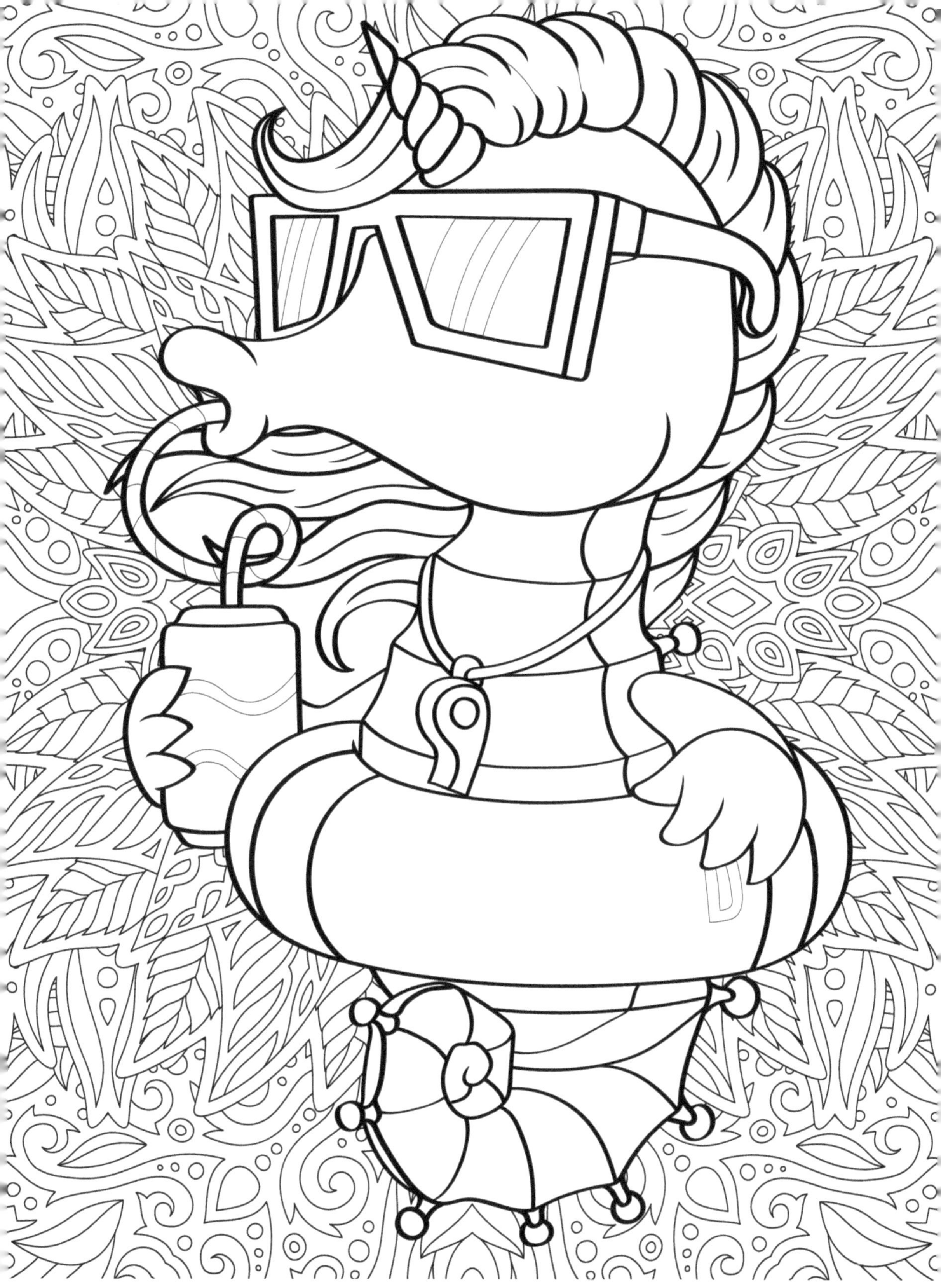

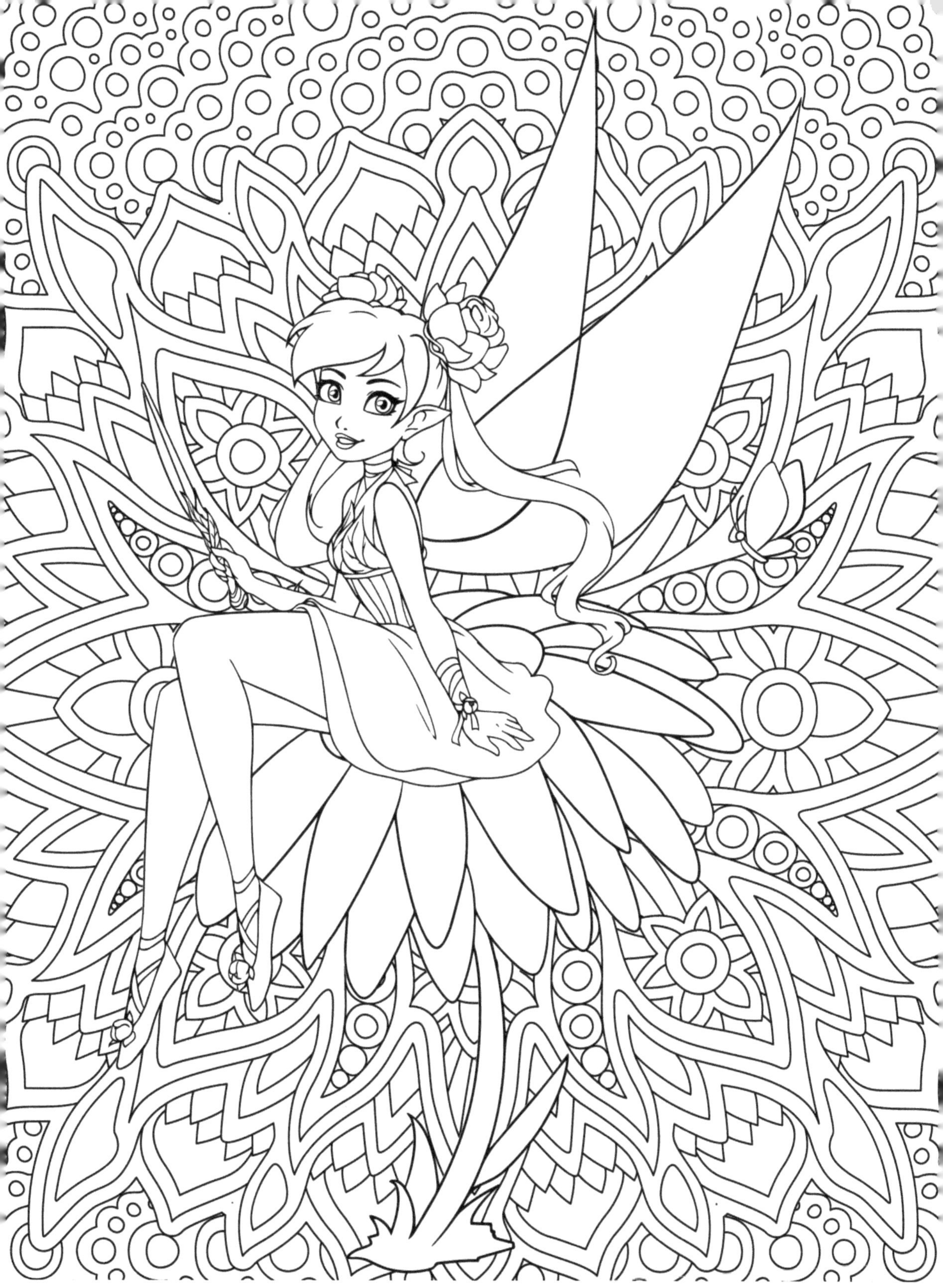

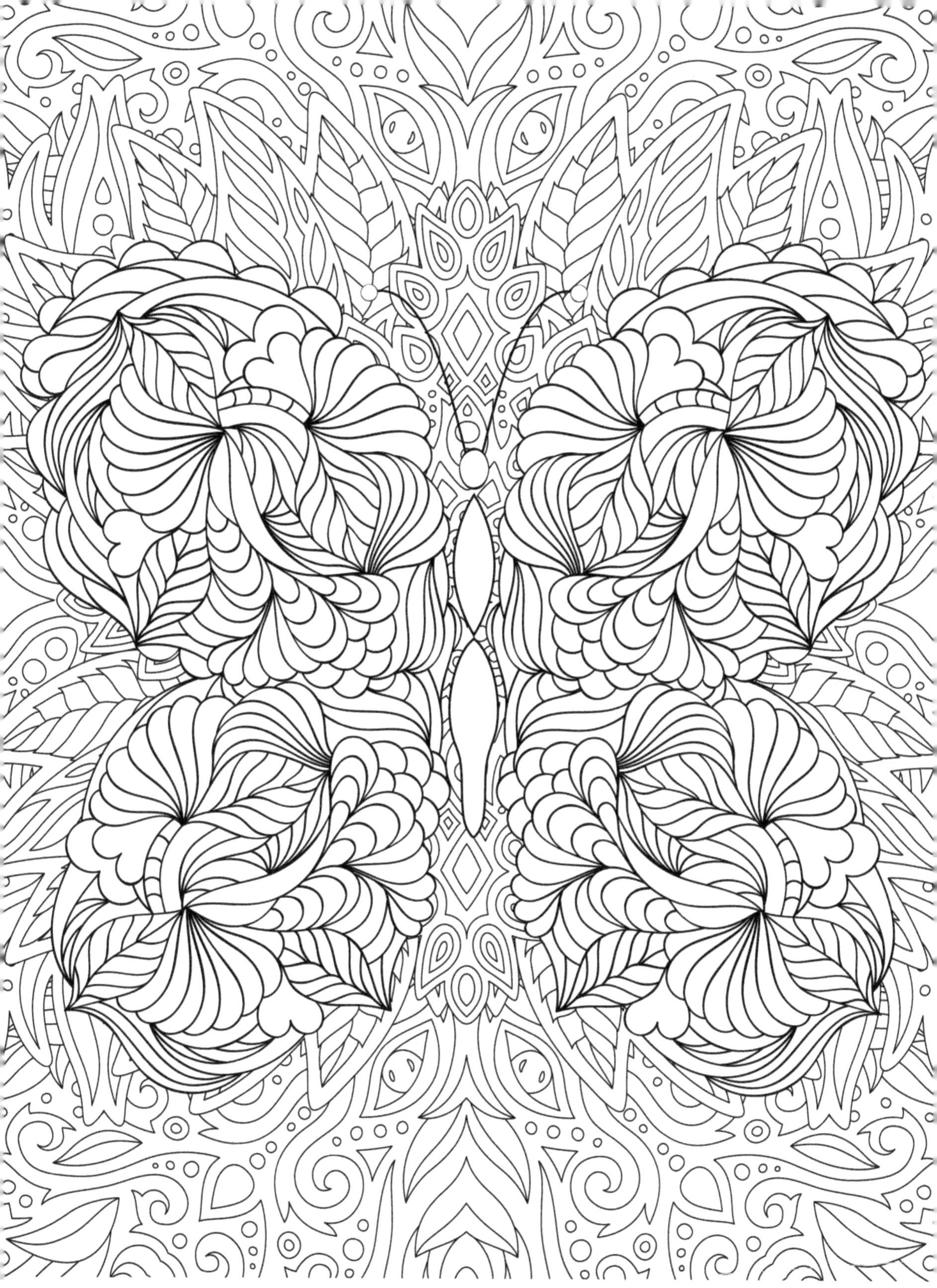

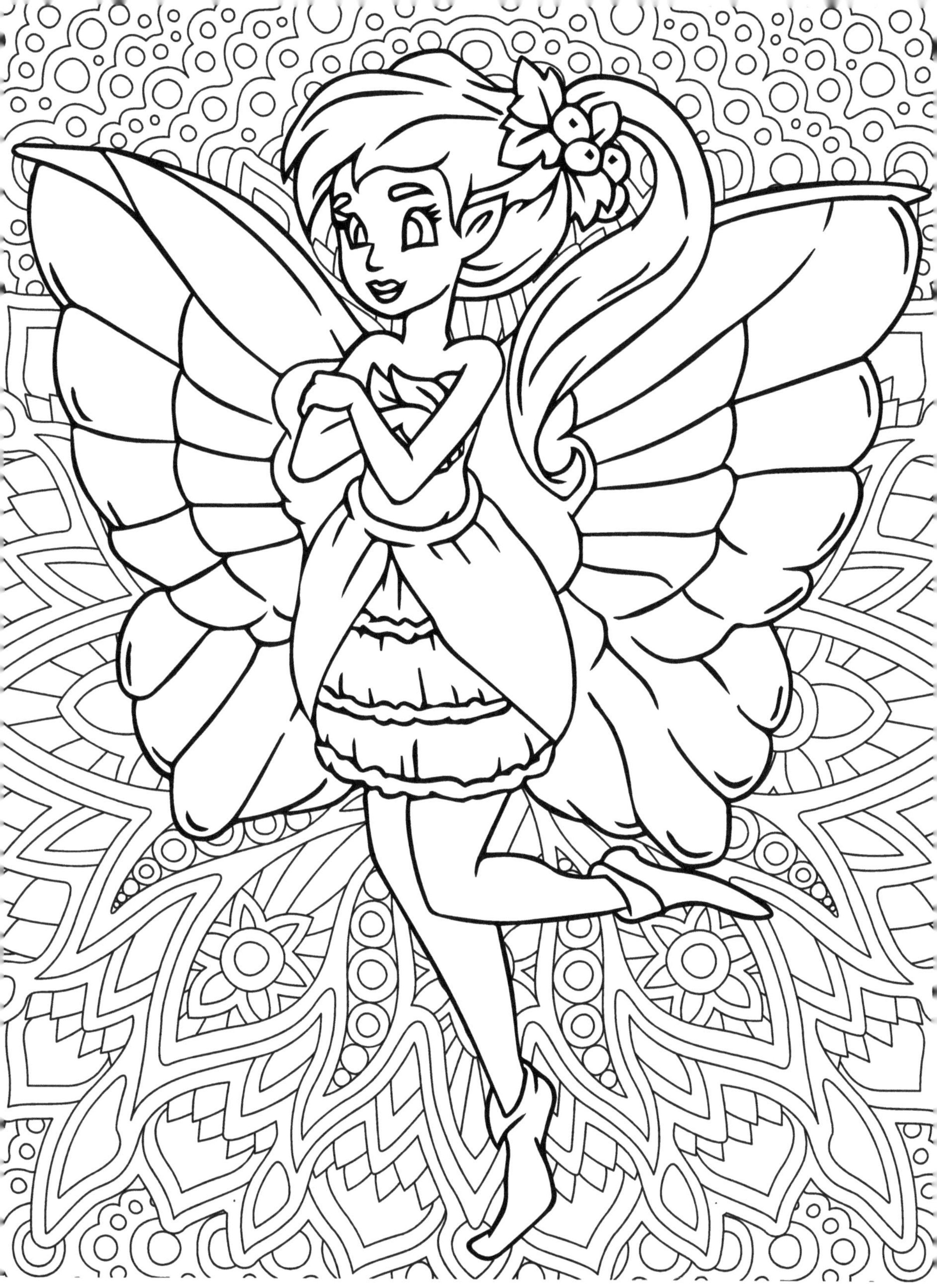

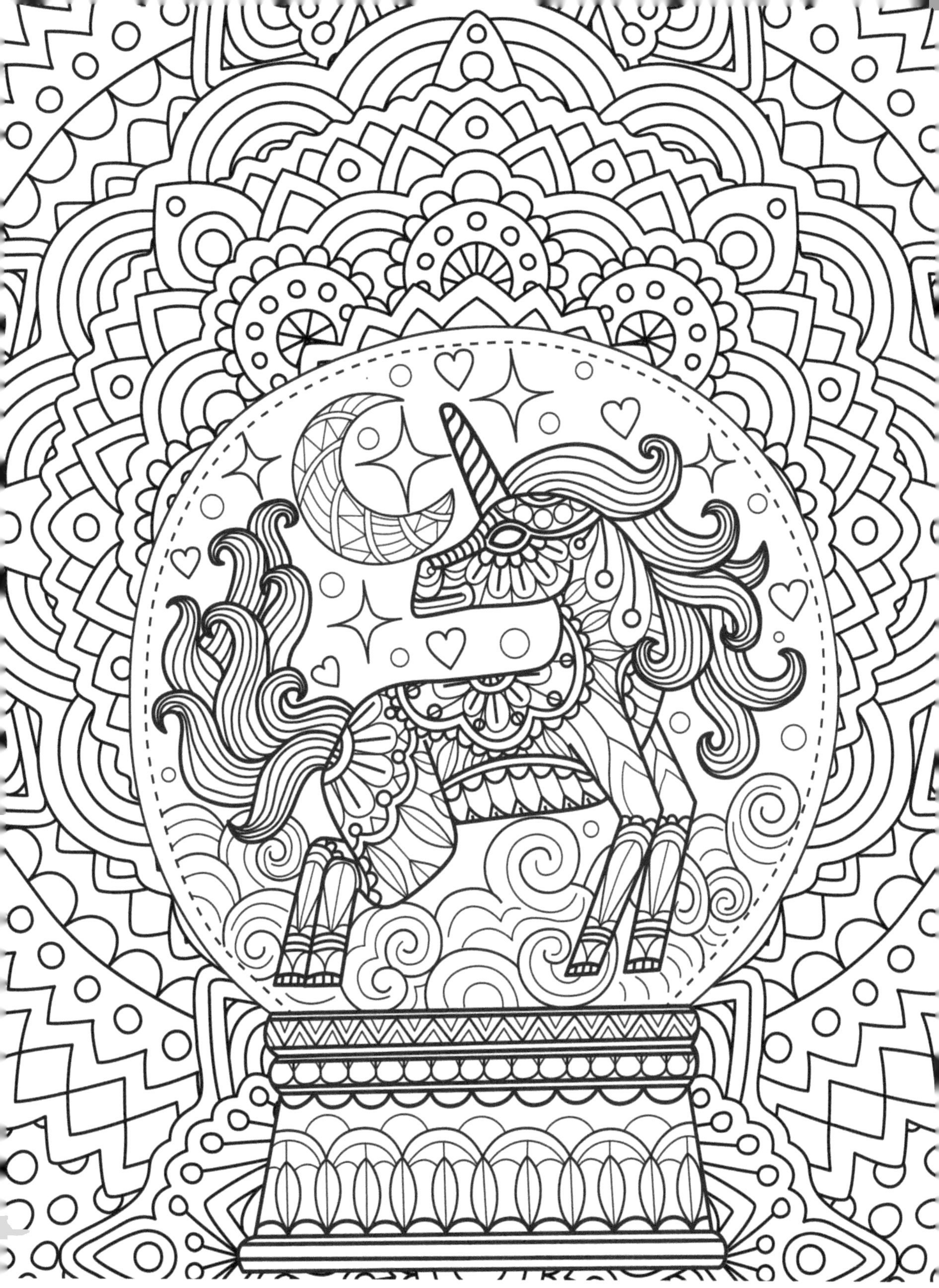

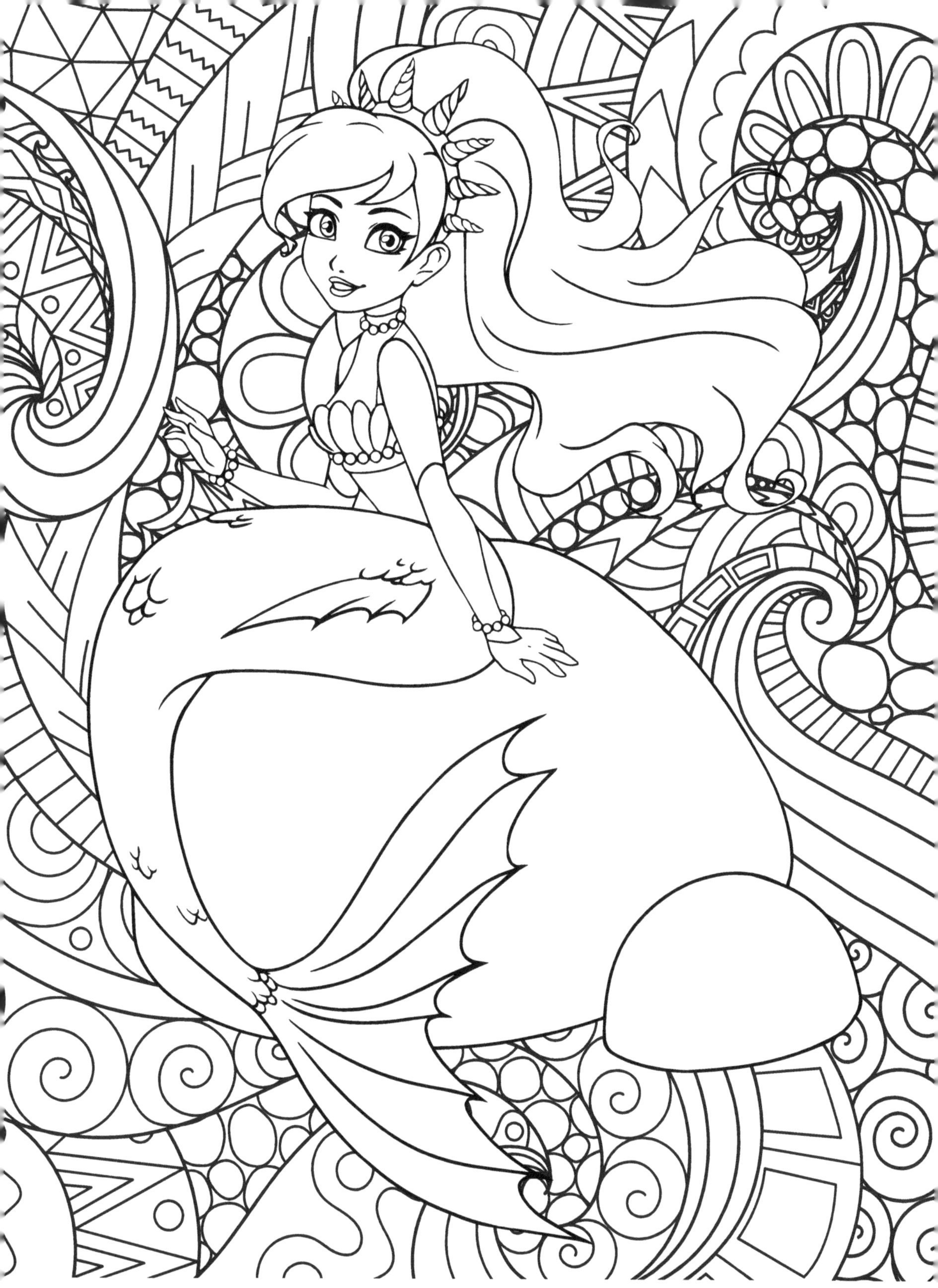

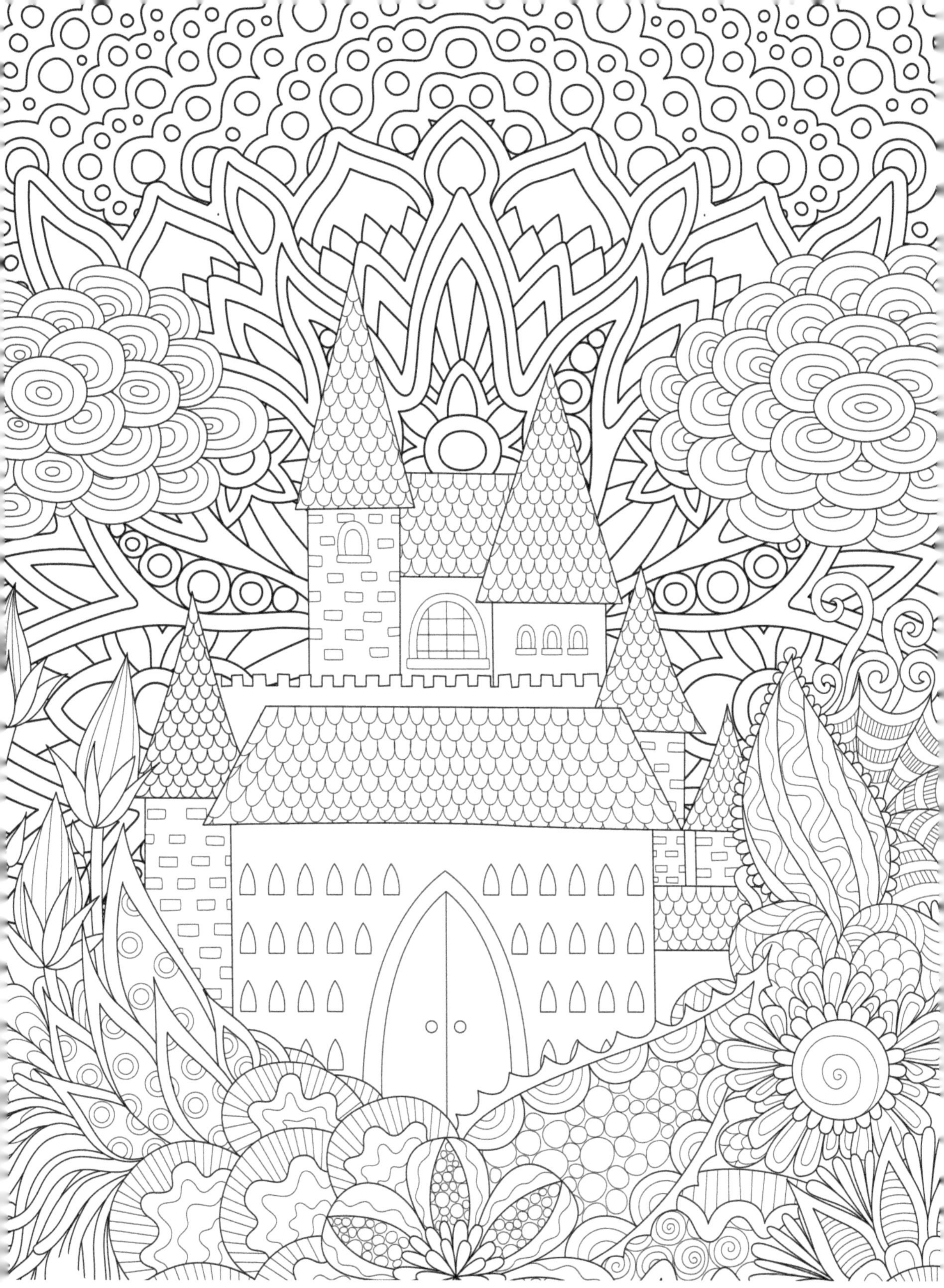

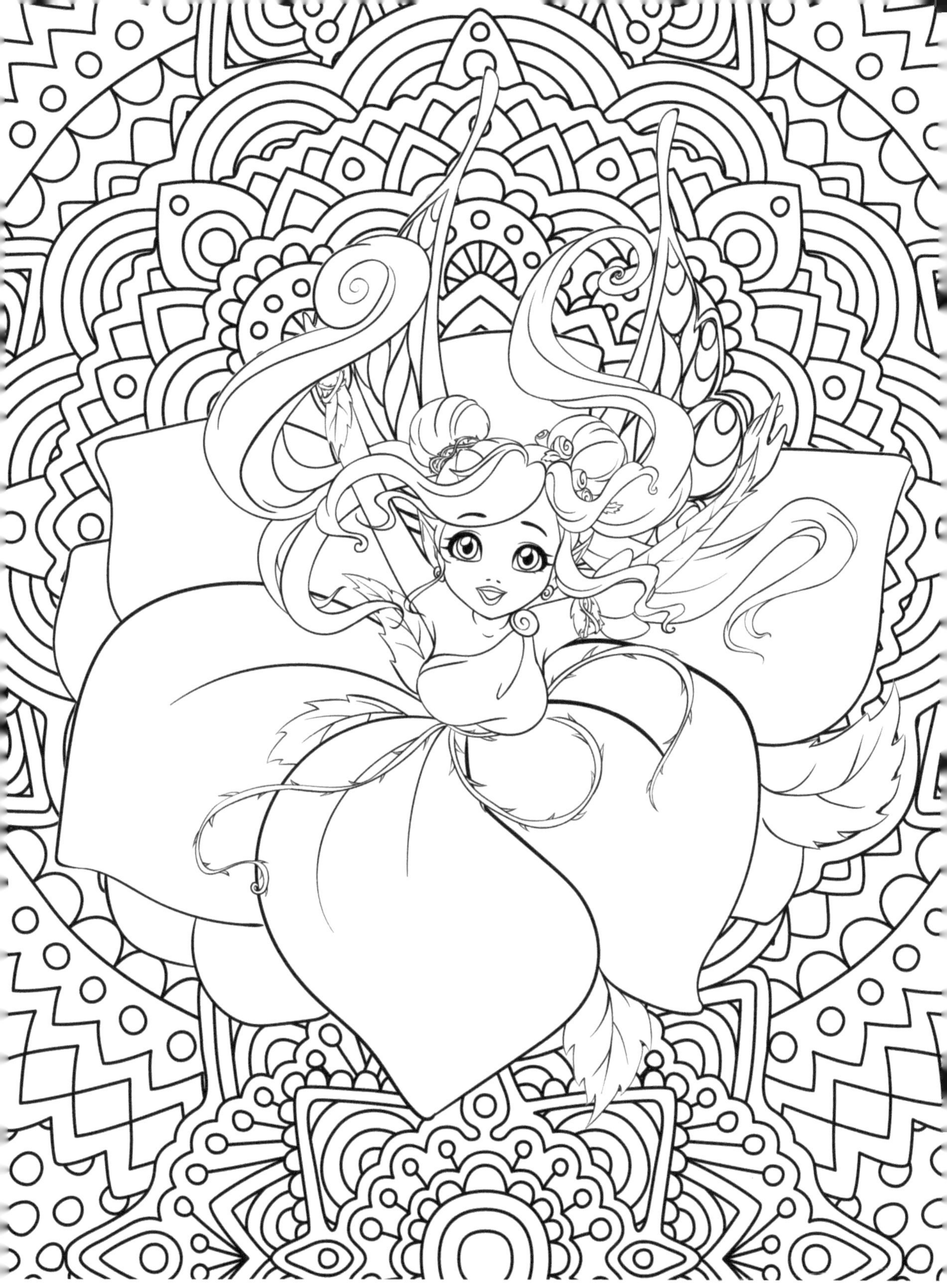

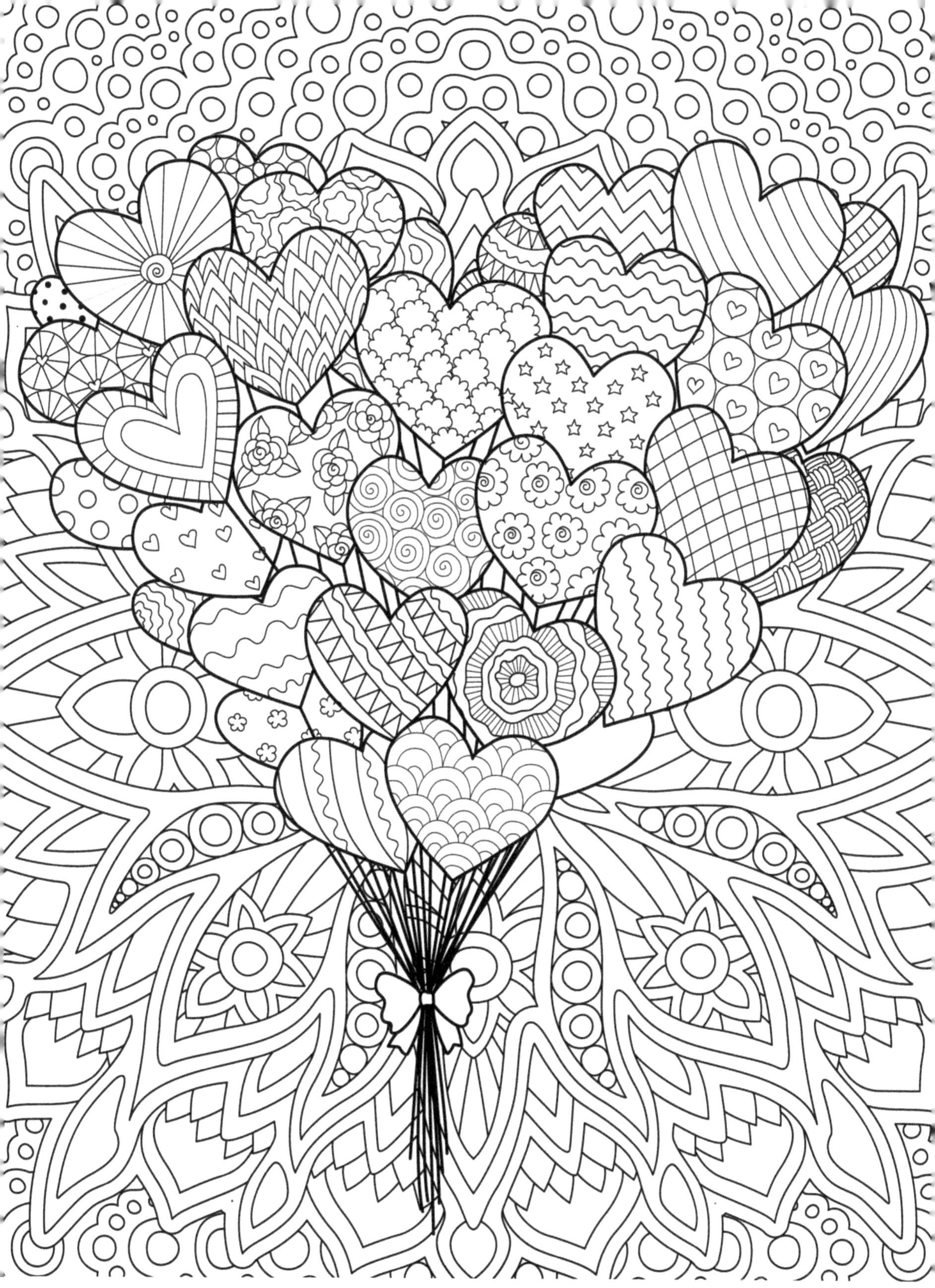

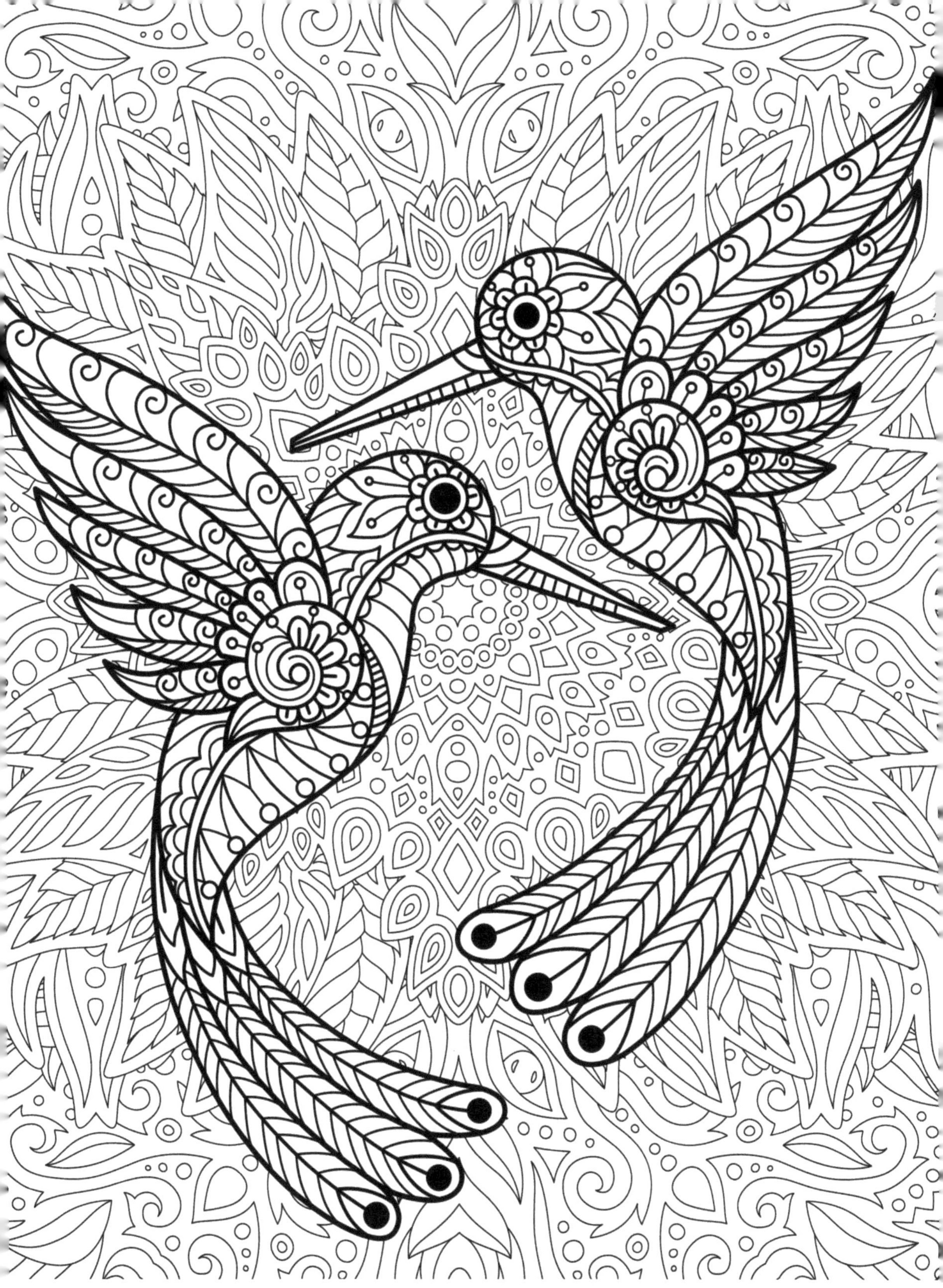

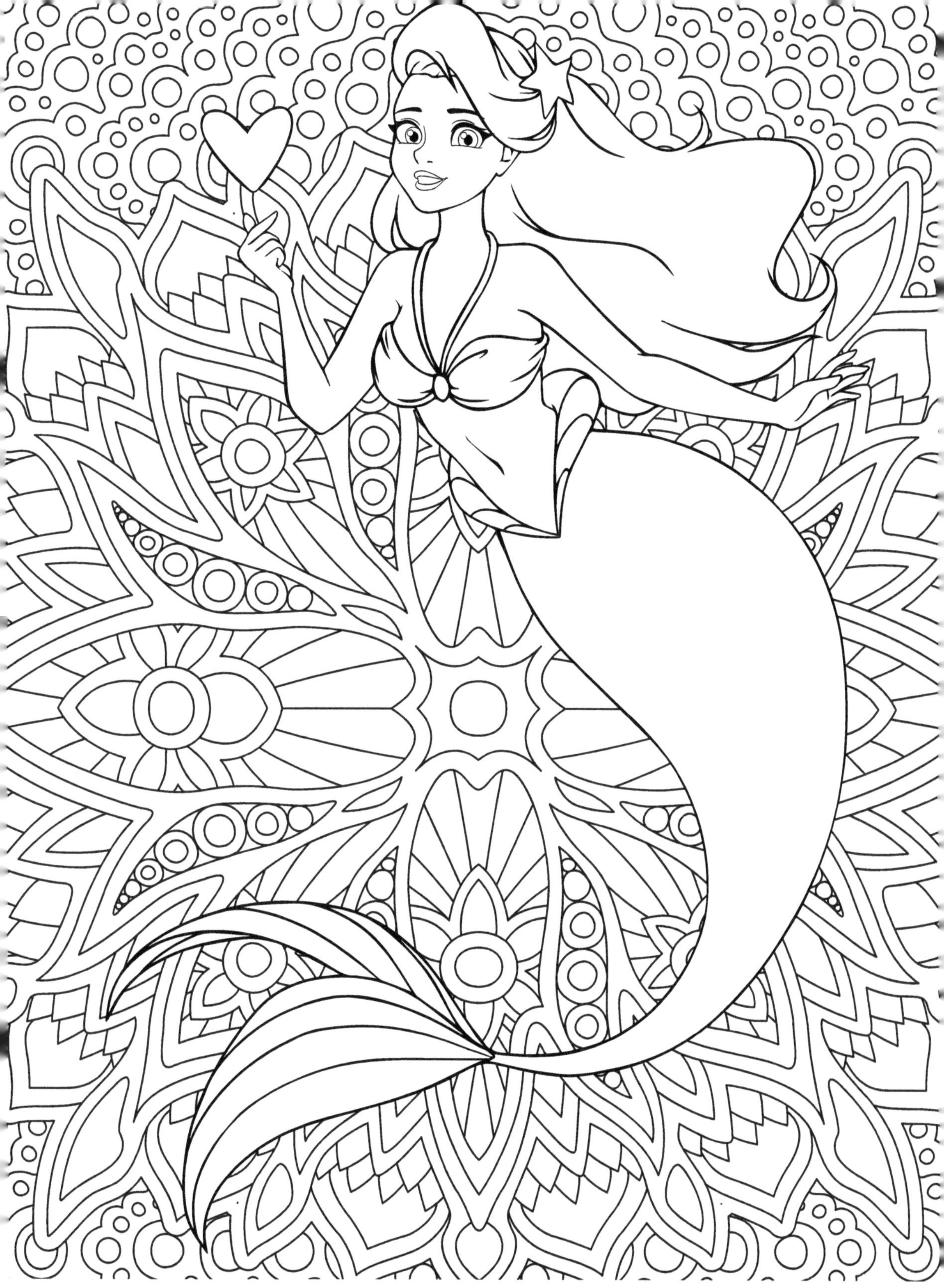

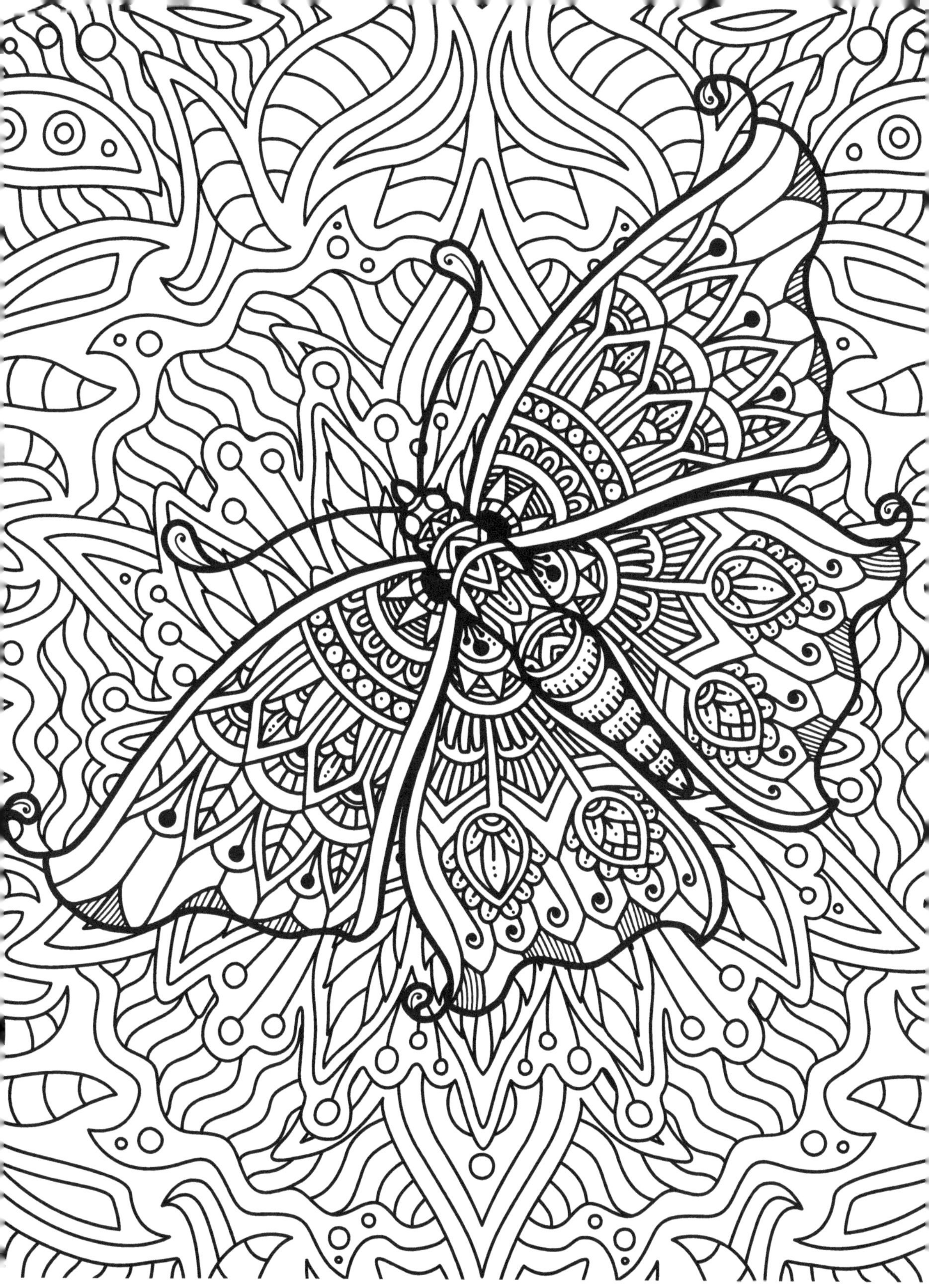

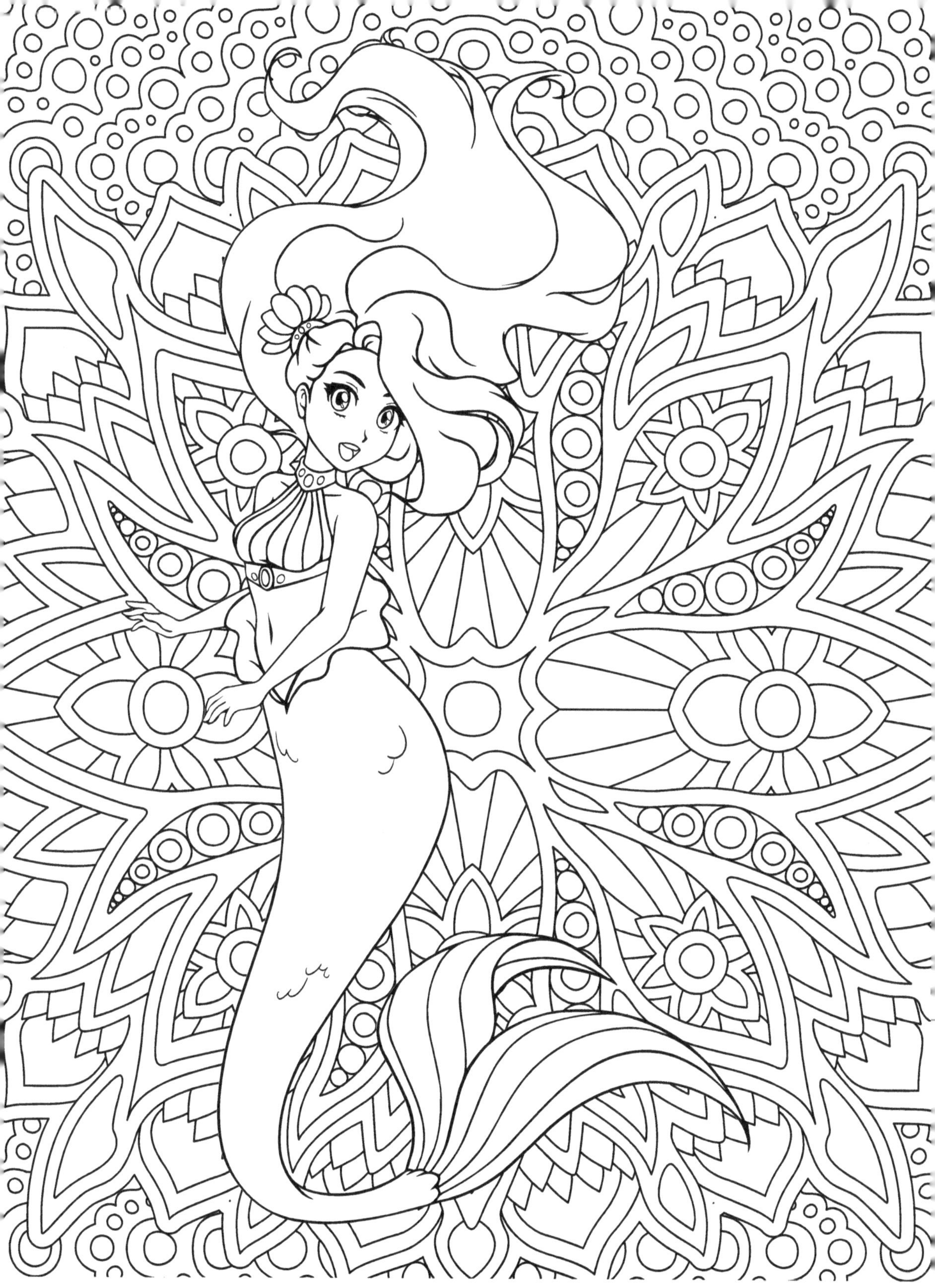

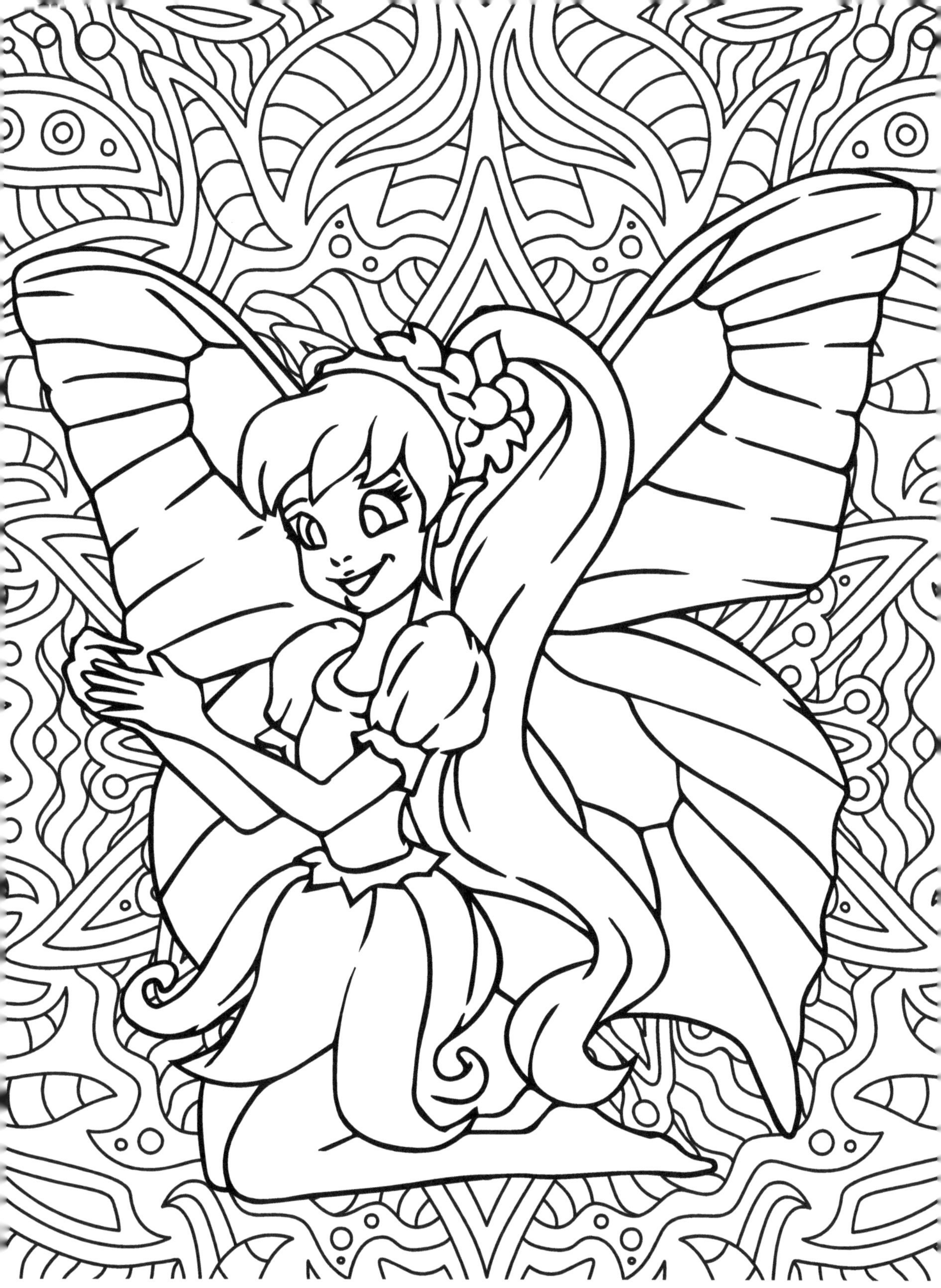

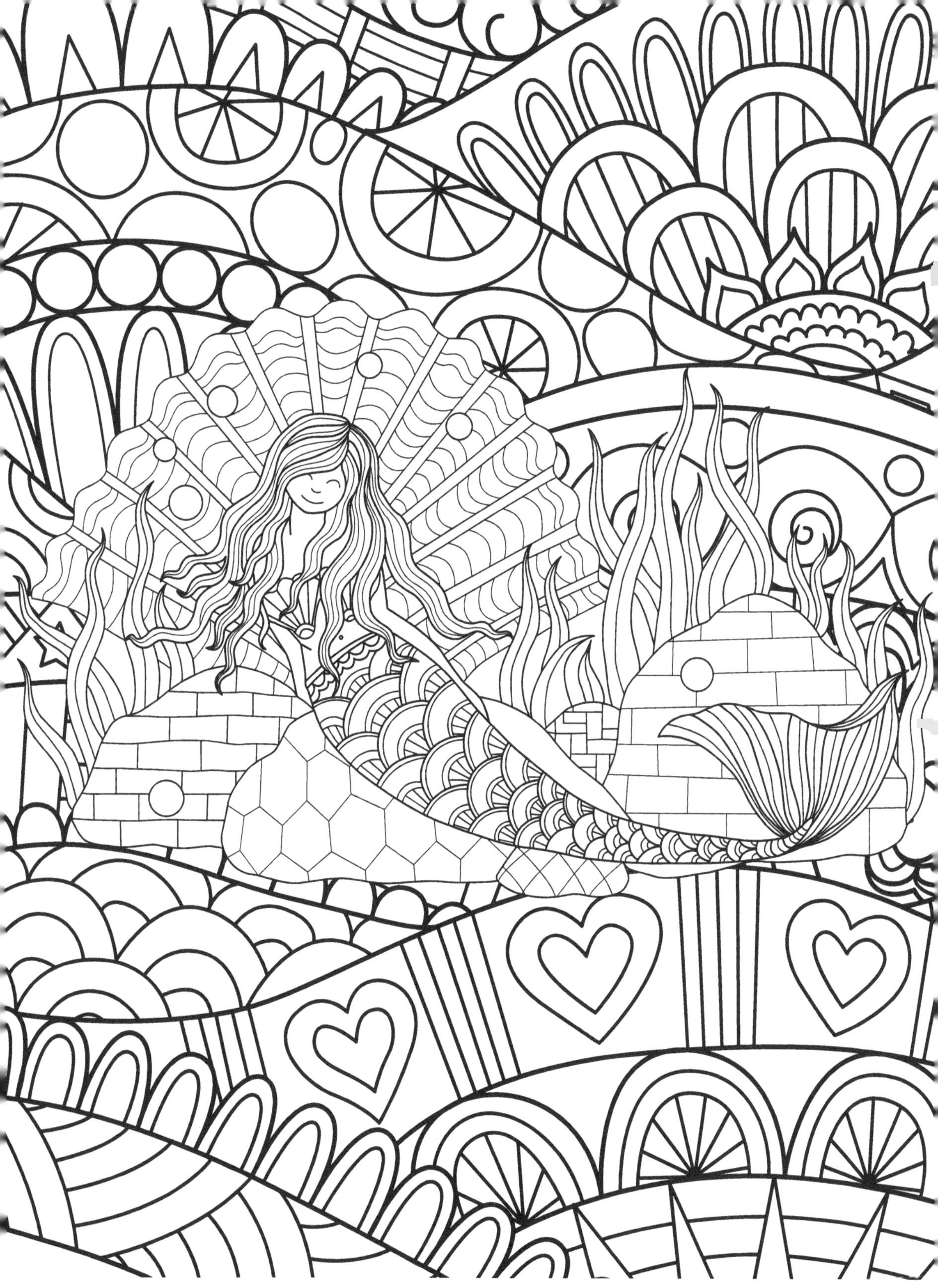

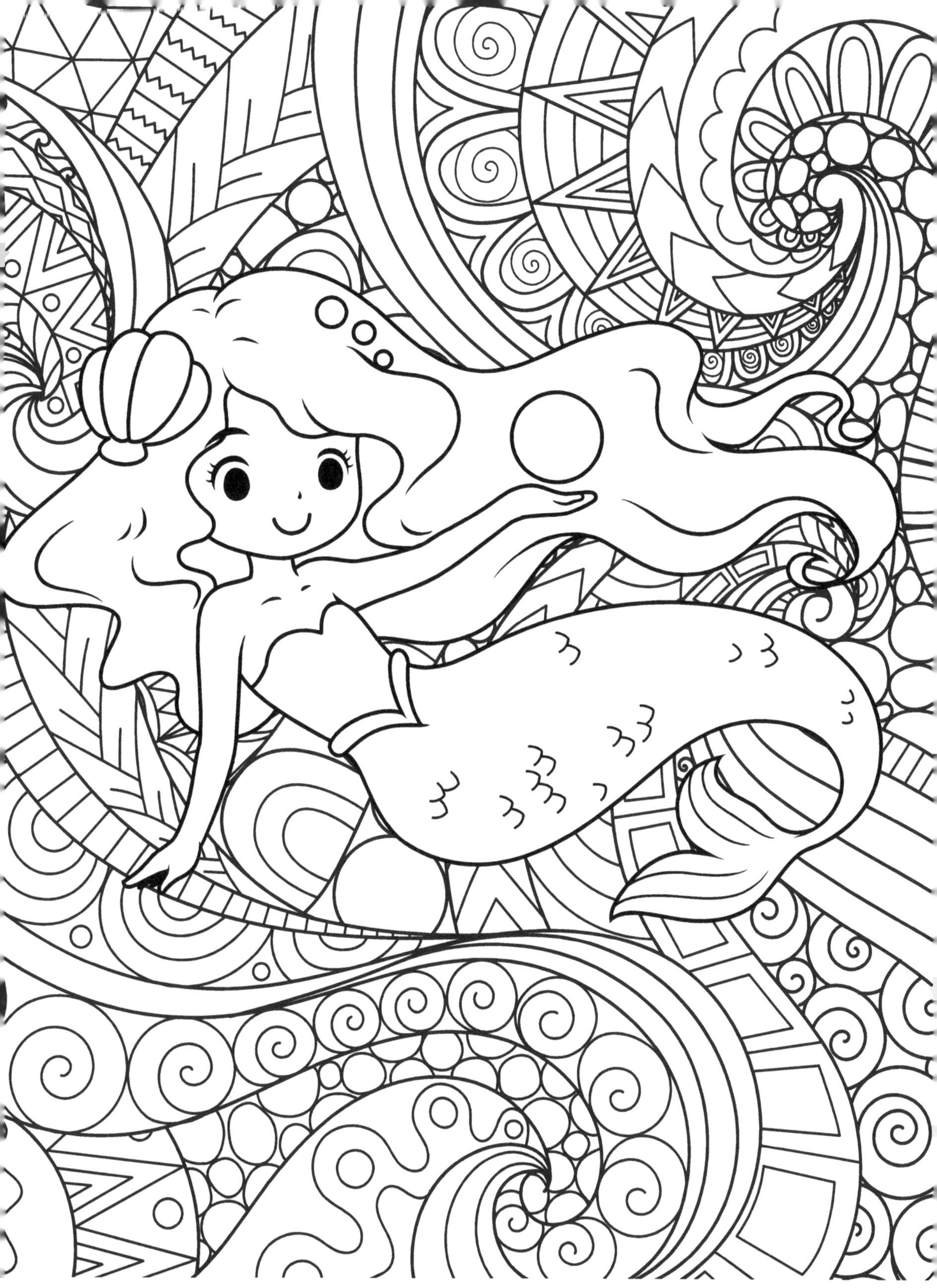

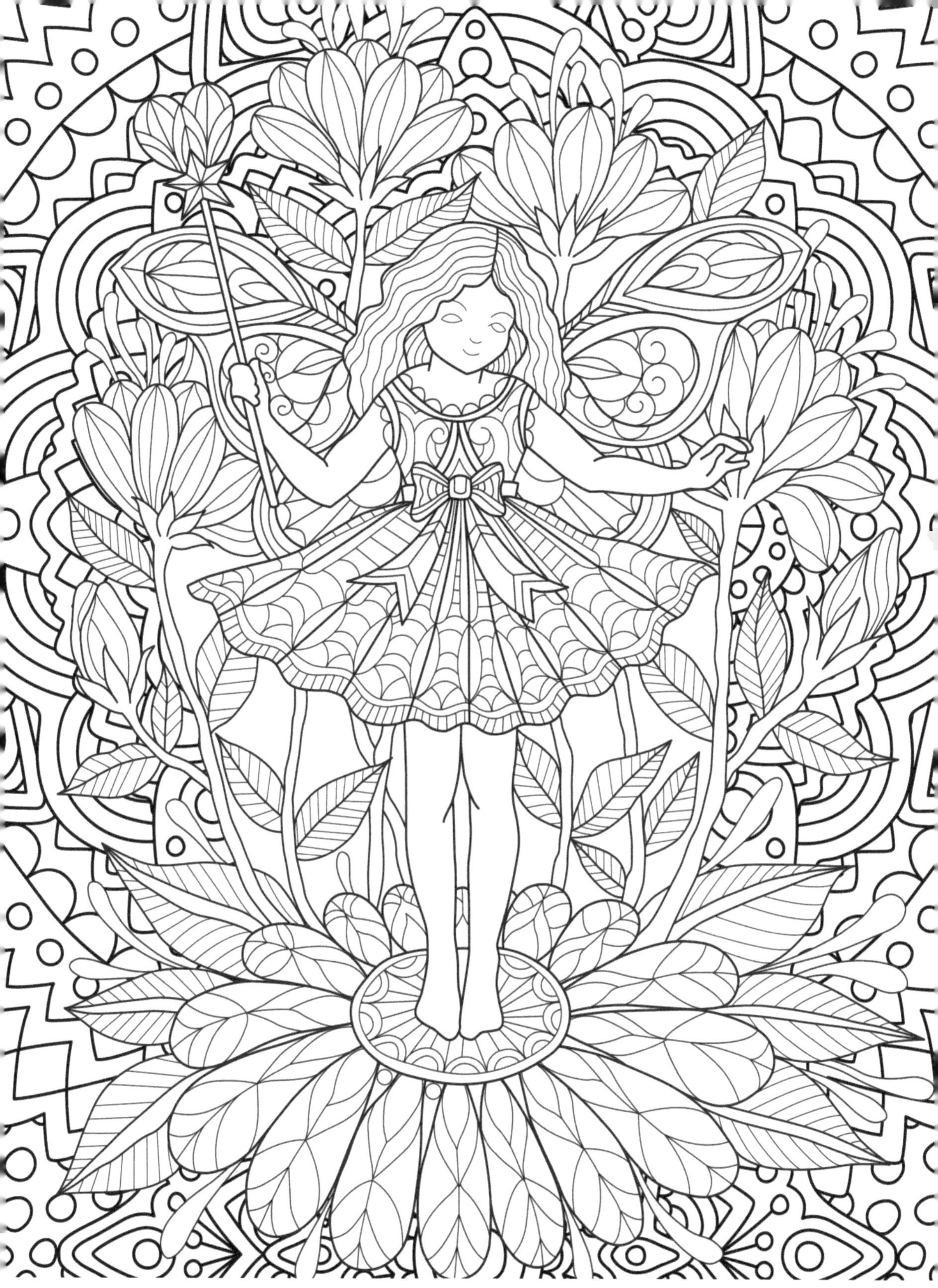

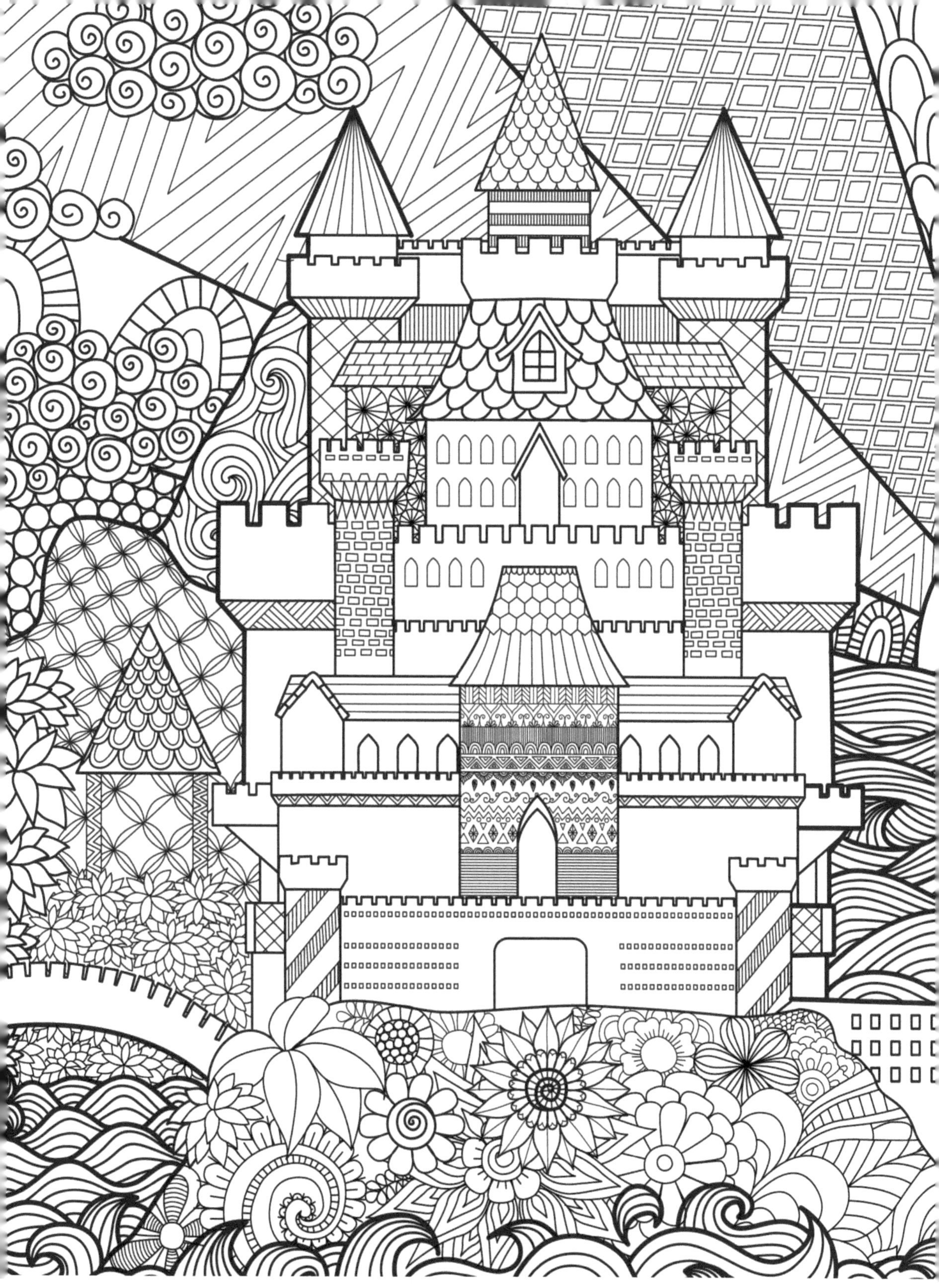

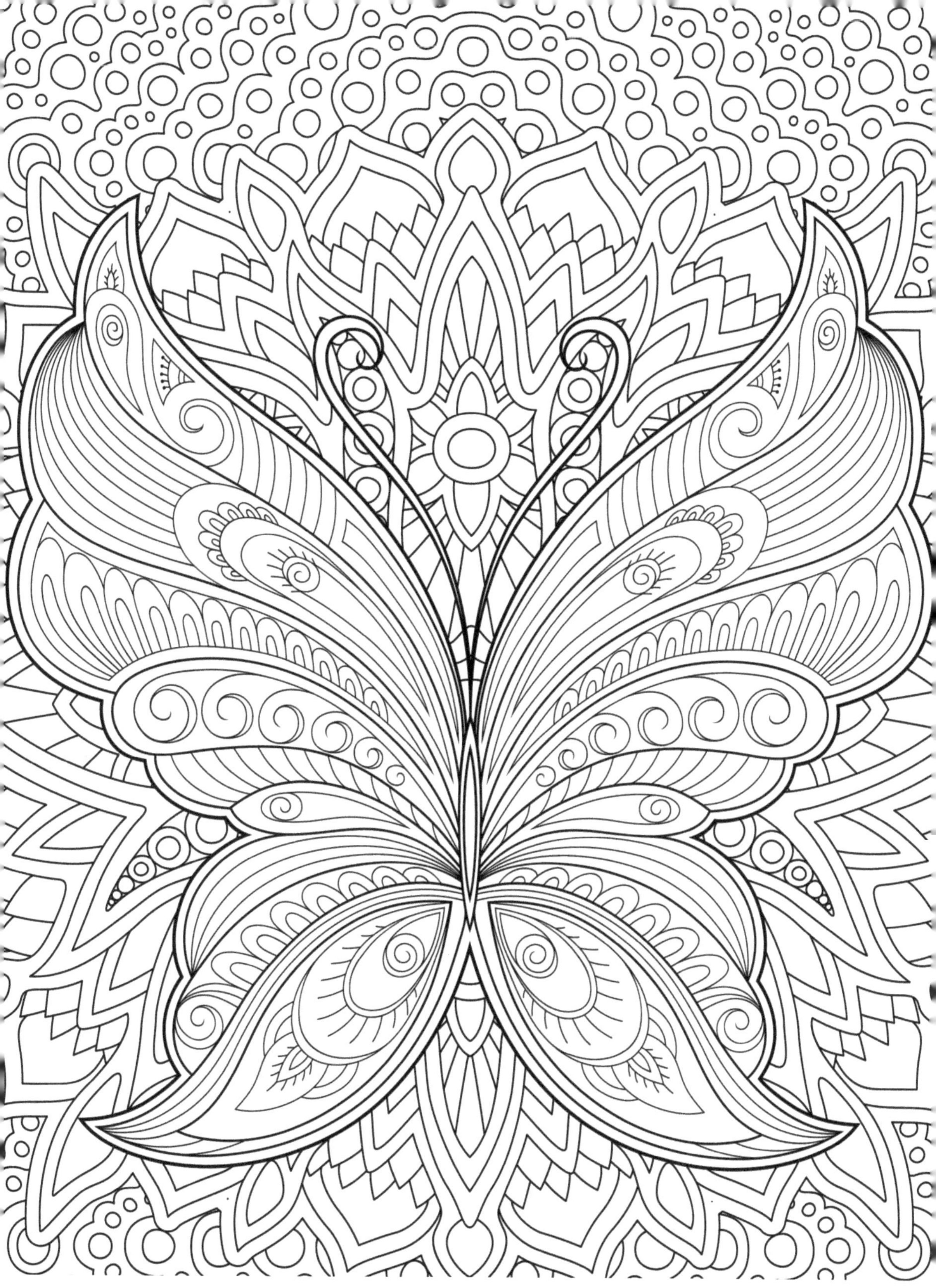

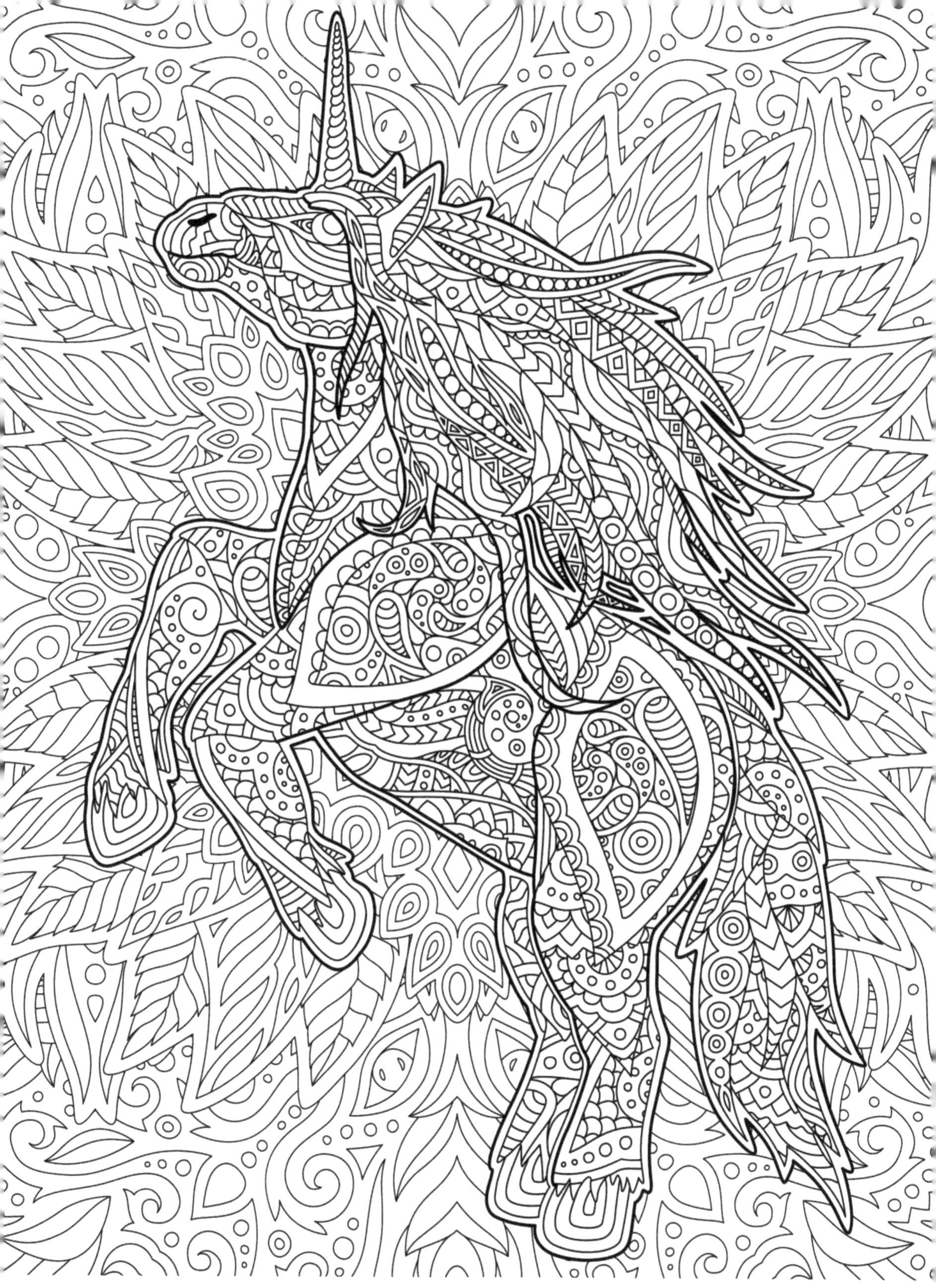

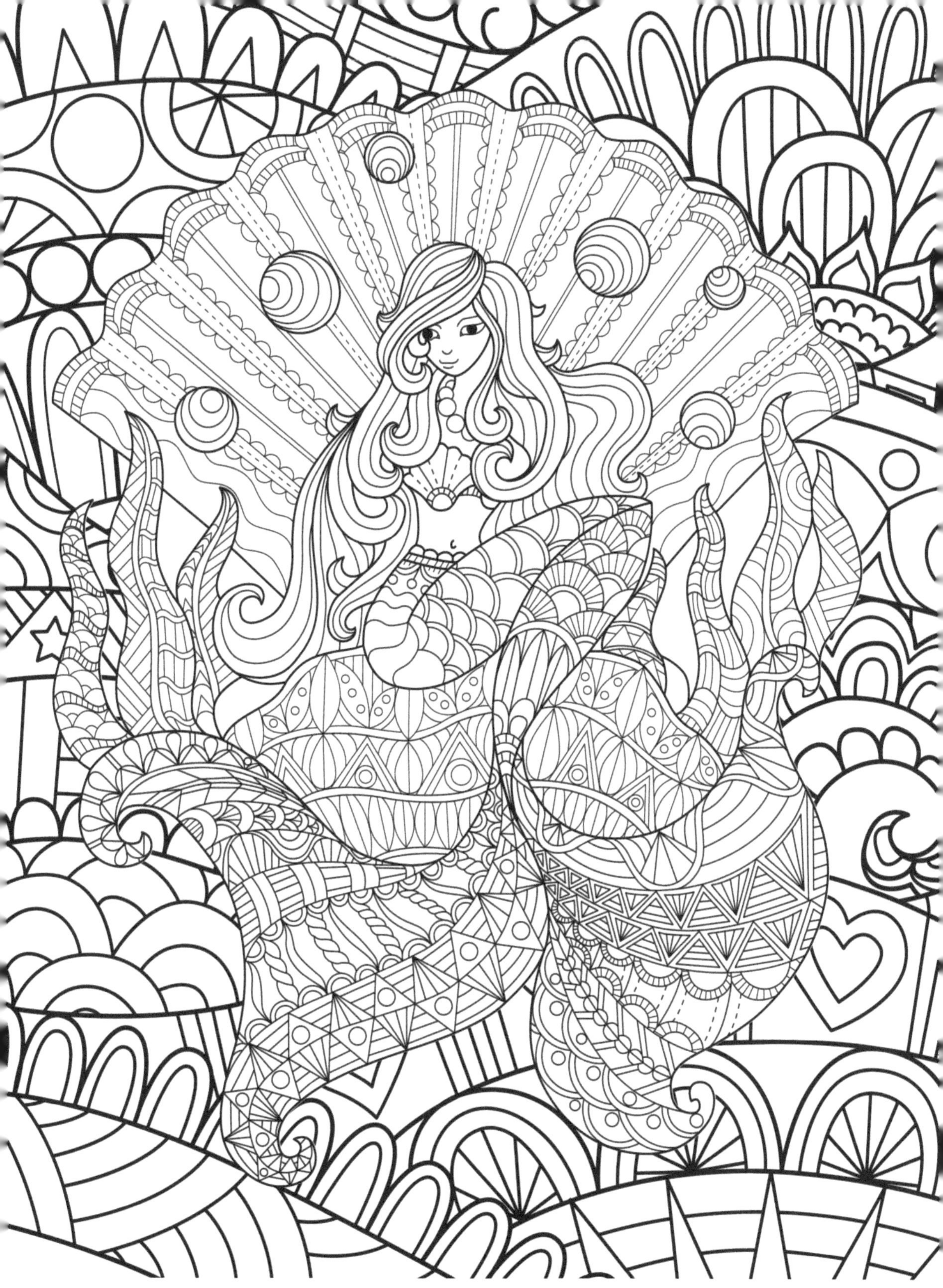

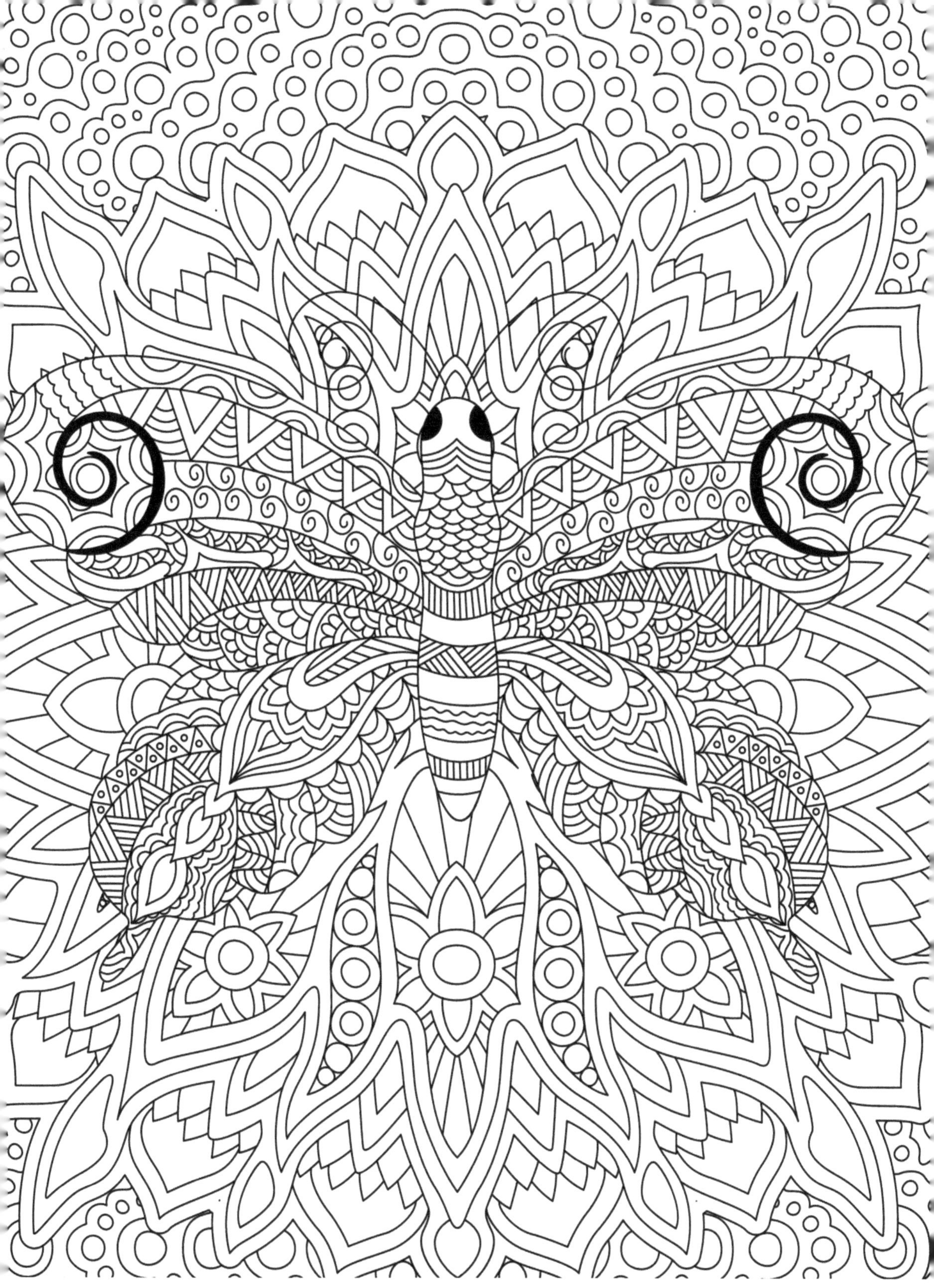

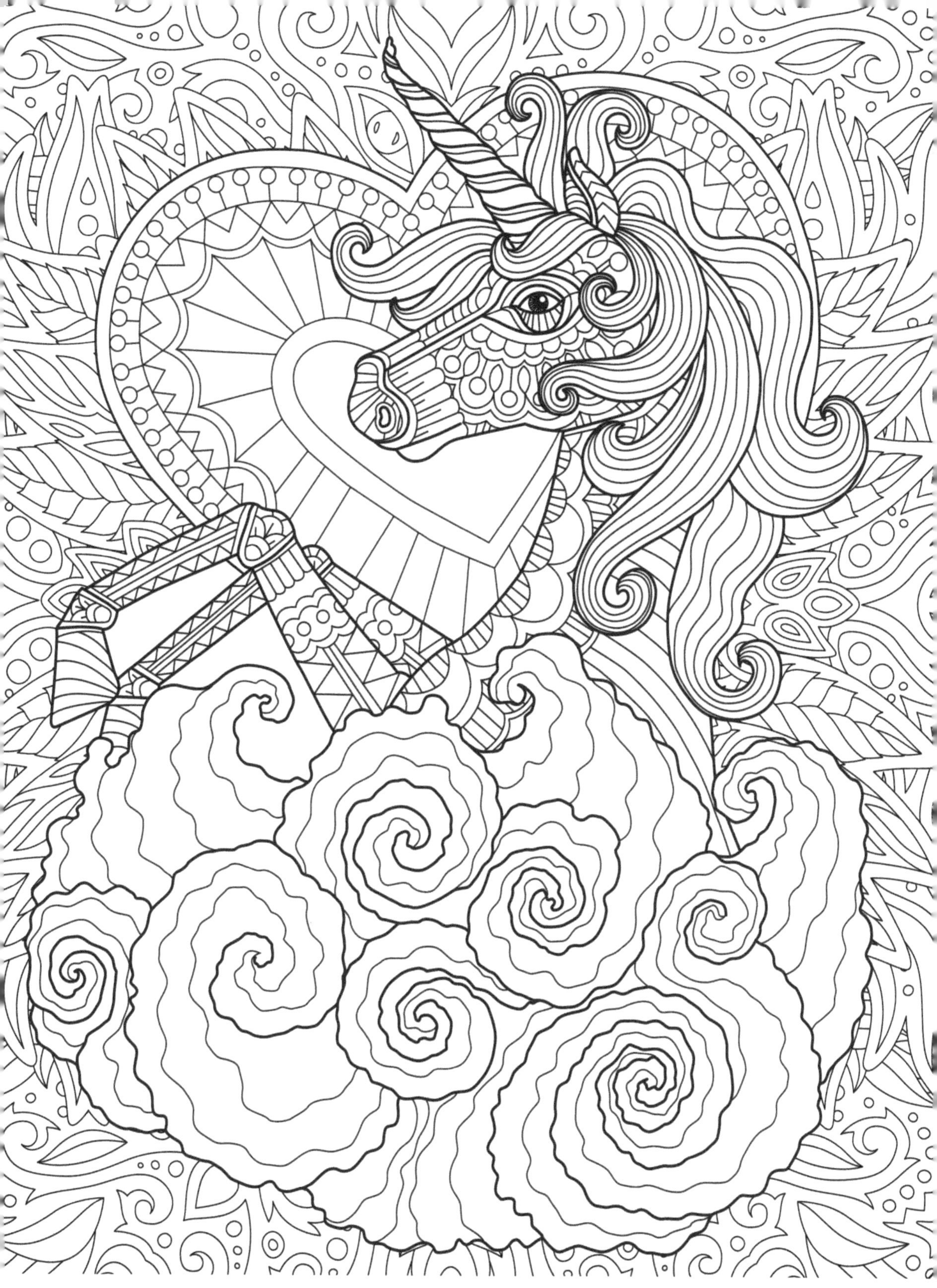

E-Mail: kontakt@mertens-publication.de

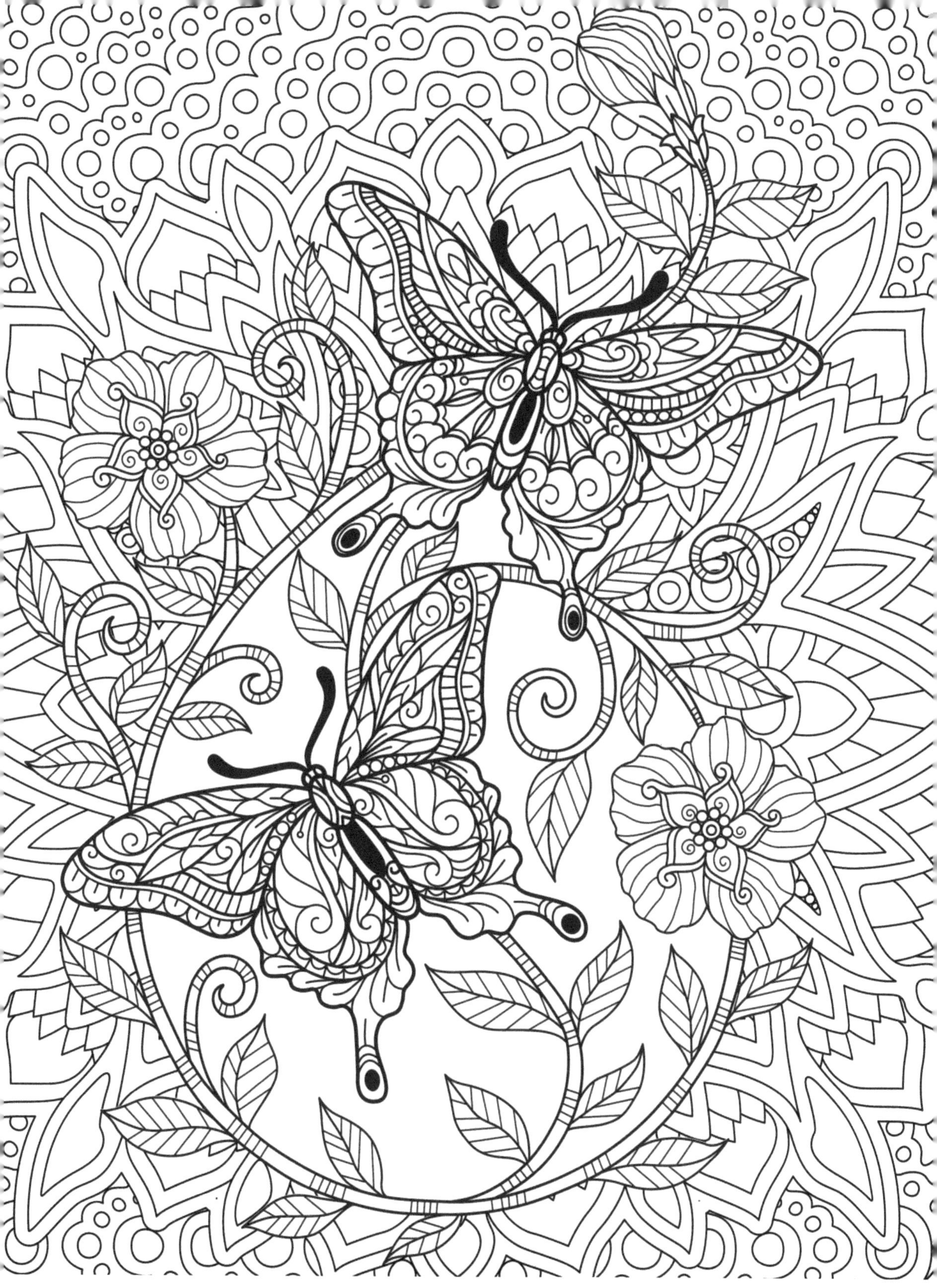

Herstellung und Verlag:
BoD – Books on Demand, Norderstedt
ISBN: 9783751970150